《中部大学 ESD シンポジウム》

持続可能な地域のあり方を考える

高山学をめざして

宗宮弘明 太田明徳【編】

Education for Sustainable Development

あるむ

発刊に寄せて

　中部大学と高山市は2015年に連携協定を結びました。中部大学の教員はそれまでにも高山という自然豊かで、日本の伝統文化をもつ土地を研究対象にしており、高山市は自治体として地方創生にかかわる取り組みをしておりました。

　高山市を舞台にして、中部大学と高山市が連携して行った2014年9月3日のシンポジウム「高山の場所愛（トポフィリア）を育むために─ESD高山モデルを目指して─」に続いて、今回は2018年6月23日に、シンポジウム「持続可能な地域のあり方を考える〜「高山学」をめざして〜」を開催しました。この2018年に行われたシンポジウムの様子をまとめて、ここに発刊し、我々の議論の様子を記録にとどめ、これからの高山という地域の発展に資することを意図したものです。大学人と高山市民の連携により、持続可能な地域のあり方を考えるきっかけとなることを期待しています。

　2019年1月　　　　　　　　　　　　　　　中部大学学長　石原　修

まえがき

「日本の21世紀末の総人口は中位推計で6000万人と推計されています。これからの80年間で人口がおよそ7000万人近く減る。——社会のかたちはどう変わってゆくのか。それについての長期的な予測を立て、それに対して私たちは何ができるか、何をなすべきかを論じ、とりあえず今できることから着手するのは未来世代に対するわたしたちの忌避できぬ責任だろうと思います」

(内田樹編『人口減少社会の未来学』文藝春秋、2018 より引用)

　日本の社会はローカルな「少子高齢化問題」とグローバルな「気候変動問題」「経済格差の拡大」などと向き合わざるを得ない状況にあります。高山市も中部大学もこの問題を避けては通れない状況にあると考えられます。内田樹さんは、このように複雑な問題は「衆知を集めて対話する」方法が有効であると説いています（『人口減少社会の未来学』）。私は「対話」の本質はお互いの信頼性の確立とお互いの発展の可能性にあると考えています。

　本書は、2018年第18回中部大学 ESD シンポジウム「持続可能な地域のあり方を考える：高山学をめざして」（2018.6.23. 高山市役所）での高山市（行政、市民）と中部大学（教員）の対話の成果をまとめたものです。最初に、石原学長と國島市長に挨拶を頂きました。基調講演で山下前学長は、「地域の課題は国に頼るのではなく、地域住民が知力と体力を鍛える中で自主的に解決すること」と「地域の資源と市民の持つ知力（高山学）を活用することで豊かで幸せな高山市を作り出すこと」ができると言われました。そのため、「高山市と中部大学の連携協力活動の中心課題の1つは『高山学』の構築という知的な想像活動」にあり、その際の「最も重要な点は、今までの思考の延長線上ではなく、発想を大転換（変態）すること」にあると結論されました。もちろん、ご自身の研究成果を駆使しての講演でした。

　パネルディスカッション「高山市と中部大学の連携の可能性」では、中部大学から4つの話題提供がなされました。竹島准教授は、2019年は国の森林政策の大転換の時代であり、これをチャンスと捉えて高山市が森林（市の

iii

92%）をどう活用したら良いのかについての試論を展開しました。林教授は、飛騨高山の林業とそこでの木工家具産業の歴史的変遷を丁寧に辿るとともに、「飛騨高山の木工家具生産をリードしてきた中核企業」の「産地全体の発展を優先するという理念の存在」を穏やかに讃え、そこにこそある希望を展開されました。福井教授は、最新の技術「地理情報システム GIS」を使いこなすことによって様々な新しい取り組みが可能なことを示し、新たな防災システムの可能性について述べました。最後のパネリスト森山教授は、耕作放棄田から筆を起こし、水田の「生態系サービス」の重要性を述べるとともに、高山市での「体験的環境教育プログラム」の可能性を論じてくれました。

　討論の部で、森瀬客員教授（高山市元教育長）は白川秀樹（ノーベル化学賞）さんが高山で小中高を過ごされたことと、高山藩教育の歴史について触れられ、100年先の高山の都市像を見据えることの重要性を強調されました。田中企画部長（高山市）は、高山市には「若者の文化」という視点が弱かったので、今後は「若者を通してのアカデミックな文化」を追求したいと話された。続いて、会場からの質問とその回答がなされ、大変意義の深い討論となっています。最後に、西倉副市長より力強い閉会の挨拶をいただきました。

　或る心理学によると、「人間は覚えたことの半分は 1 時間で忘れ、1 ヶ月たつとその80％を忘れる」とあります。忘却の前に、今回の「対話」を活字化し、この記録が『高山学』構築の礎になることを切に願う次第です。おわりに、森瀬先生が討論のところで紹介して下さった、高山っ子がその生業と自然を謳った詩「秋」を掲げます。素朴簡潔、絵画的で涼しさまで漂ってきます。

ソバもヒエも　おえました
のりくらさんに　ゆきがふる　　（高根村阿多野郷の分校三年生の作品）

編者を代表して　宗宮弘明　2019年猛暑の 9 月に

*ESD: Education for Sustainable Development
　持続可能で豊かな社会をつくるための教育

目　次

発刊に寄せて …………………………………………………… 石原　修　i

まえがき ………………………………………………………… 宗宮弘明　iii

開会挨拶 ………………………………………………… 石原　修・國島芳明　1

基調講演

昆虫の変態から学ぶ持続可能な高山市づくり ……………………… 山下興亜　5

パネルディスカッション｜高山市と中部大学の連携の可能性

森林政策をめぐる最近の動向 ………………………………… 竹島喜芳　21

再生資源の木材を生かした飛騨高山の林業の歴史と木工家具産業
………………………………………………………………… 林　上　33

地理システム（GIS）をもちいた防災の取り組み ……………… 福井弘道　50

耕作放棄田から考える ……………………………………… 森山昭彦　64

討論及び質疑応答の要旨 ………………………………………………… 71

閉会挨拶 ……………………………………………… 宗宮弘明・西倉良介　87

編者あとがき ………………………………………… 太田明徳・宗宮弘明　91

開会挨拶

総合司会 ■ 太田明徳 〈中部大学高山委員会、中部大学副学長〉

挨拶：

■ 石原　修 〈中部大学学長〉
■ 國島芳明 〈高山市長〉

開会挨拶

太田明徳 皆さん、こんにちは。本日は、お忙しいところ、第18回中部大学 ESD シンポジウム「持続可能な地域のあり方を考える〜「高山学」をめざして〜」に大勢の皆様においでいただき、まことにありがとうございます。申しおくれましたが、私は総合司会を担当いたします中部大学副学長の太田と申します。今日はどうぞよろしくお願い申し上げます。（拍手）

では、まず開会の挨拶を中部大学学長の石原修より申し上げます。

石原修 皆さん、こんにちは。中部大学学長の石原修と申します。

ここ高山には何度も来ており、今もここへ来る前に車で少し町を回ってまいりましたが、来るたびにいつもいい雰囲気の町だなと思います。懐かしい思いというか、うちの女房は東京生まれですが、高校時代から高山市を非常に気に入っておりまして、そういう関係で私も非常に好きになっております。

今日は、少し中部大学の御紹介をさせていただいてから、このシンポジウムについての話をさせていただこうと思います。

自然豊かで日本の伝統文化を持つ高山の地を、中部大学の多くの教員がいろいろな形で研究対象として使わせていただいております。そのようにして中部大学と高山市は今までも結びついてきたのですが、2015年に大学と自治体が連携し、地方創生に向かって知恵を出し合おうということで正式に結びついたところであります。

学校法人中部大学は、2007年から現在に至るまで、国連大学認定の ESD 地域拠点の幹事校として活動を続けているところです。大学内に ESD センターを立ち上げ、そのセンターを通してさまざまな活動をおこなっております。また、国連の持続可能な開発のための教育の10年の最終年である2014年の11月には、国連教育科学文化機関（ユネスコ）と日本政府の共催により、名古屋市において ESD に関するユネスコ世界会議が開催されました。そこで新たに2019年までの 5 年間のグローバル・アクション・プランが提案され、開始されております。一方、2016年から

2030年までの持続可能な開発目標（SDGs）にも ESD の推進が盛り込まれたところです。

　中部大学と高山市は連携協定締結に先立っていろいろな活動をおこなっておりますが、その一つとして、この場所で2014年9月に「高山の場所愛（トポフィリア）を育むために ― ESD 高山モデルを目指して―」というタイトルでシンポジウムが開かれました。その講演会には、当時の中部大学中部高等学術研究所所長であった稲崎先生を初め、応用生物学部の南先生、小川先生、元高山市教育長の森瀬先生を中心に多くの方が参加され、まさに「場所愛（トポフィリア）」の思いを共有したものと思います。

　そして、シンポジウムの翌年2015年2月には國島芳明高山市長が中部大学に来られ、今日基調講演をしていただく当時の学長の山下先生との意見交換で動きが加速されまして、6月に中部大学と高山市との連携に関する協定が締結されることとなりました。また、2017年7月には中部大学の中で高山委員会なるものを発足させておりまして、学長と、今司会に立たれました太田副学長、南先生、小川先生、林先生、竹島先生、森山先生、そして事務局の川尻局長といったメンバーで結成され、今につながっております。林先生は、非常に分厚く、かなり内容の濃い高山学の本（林上編著『飛騨高山』風媒社、2018）を出されたところでもあります。

　前回のシンポジウムは4年前でしたが、4年に1回というような形で、われわれは再びここに帰ってくることができました。今回は、「持続可能な地域のあり方を考える ～「高山学」をめざして～」ということで、七つの視点から高山の未来を考えるシンポジウムを開かせていただきます。まず、先ほども少し紹介しましたが、前学長であり、この連携協定のまさに産みの親である山下興亜先生に基調講演をお願いし、それに続いてパネルディスカッションと討論という組み立てで進めさせていただきます。このシンポジウムを機会にさらなる連携が進んでいくことを期待しているところです。

　以上で私からの挨拶とさせていただきます。どうもありがとうございます。（拍手）

太田　続きまして、今回のシンポジウムの開催に際して非常にお世話になり

ました高山市長の國島芳明様より御挨拶をお願いしたいと思います。

國島芳明 皆さん、こんにちは。今日は、高山で中部大学の ESD のシンポジウムを開いていただき、ありがとうございます。中部大学からは、石原学長様、前学長の山下様、太田副学長様以下、大勢の先生方、関係の皆様に高山へお越しいただきました。心からお礼を申し上げる次第であります。今ほど学長様からお話がありましたように、高山市と中部大学との関係は日に日にその度合いを強め、連携の成果を上げさせていただいているところです。高山市民を代表し、改めて感謝を申し上げます。

今日は「持続可能な地域」ということですが、日本の多くの地域・自治体でどこも同様に少子高齢化を伴う過疎が進んでまいる中、20年後30年後の地域をどのように牽引していくかについては、単に自治体の長だけでなく、市民の皆さんにもお考えになっていただかなければいけない重要な課題となってきているところです。そういう中で、今日のシンポジウムが当地域における一つの光を見出せるようなものになると、私は大変期待をしているところです。

今日お集まりの皆様方におかれましても、このシンポジウムを契機に、私どものこの飛騨高山の地域が、今後とも、持続可能な発展をし続けるというのは大変難しいかもしれませんが、維持できる地域になれるように、どうかお力添えを賜りますようお願い申し上げ、御参集いただきました皆様方へのお礼を申し上げながら、御挨拶とさせていただきたいと思います。本日はどうぞよろしくお願いいたします。ありがとうございます。(拍手)

太田 國島様、どうもありがとうございます。

太田 それでは、中部大学の山下前学長より基調講演をお願いしたいと思います。

山下興亜前学長は、十数年にわたって中部大学を率いてこられました。それだけでなく、実は昆虫学における日本の泰斗でありまして、非常に大きな権威です。今日のお話は「昆虫の変態から学ぶ持続可能な高山市づくり」ということで、非常に意表を突かれるような演題ですが、山下先生、どうぞよろしくお願いします。(拍手)

基調講演

講演者 ■ 山下興亜〈中部大学名誉学事顧問、前学長〉

昆虫の変態から学ぶ持続可能な高山市づくり

山下興亜

　皆さん、こんにちは。ご紹介いただきました昆虫学徒の山下興亜です。ただ今は昆虫の示す特異機能の解明という実験研究にはあまり熱心ではありませんが、昆虫が長い進化の過程で獲得し発展させてきた特異な生き方、生存戦略を学ぶことには燃えています。今日は昆虫の生活実態、とりわけ、変態現象を取り上げて、変態に秘められた生存戦略（生きる知恵）を学び、私たちの社会や生活の現状を振り返り、よりましな将来像を描くための参考にしたいと思います。

　今日の社会は18世紀以来の近代西欧科学、とりわけ近代物理学の論理、つまり、要素化、細分化、画一化、専門化そして法則化等を指導理念とした価値観、規範や秩序で構想され運営されています。そして、経済学や心理学等の近代科学もこの物理学の方法論を援用して展開され、その成果が多方面で活用されています。この近代西欧科学的な思考方法の延長線上に、持続可能な未来社会や生活を展望することが可能でしょうか。多くの不安や疑問がささやかれています。

　21世紀は生命科学（バイオ）の時代だといわれています。しかし、バイオを単なる新規な生産技術とし利用することには熱心ですが、本来の学としてのバイオの論理、つまり、多様性、個別性、関係性、変化性そして進化性等を指導理念とした価値観、規範や秩序に基づく社会活動や生活改善を構想する段階には至っていません。物理学の論理にバイオの論理を加えて知性を深化・拡大することによって、より豊かな未来社会が展望できると、私は考えています。

　本日は、3部構成で話を進めます。第Ⅰ部では、生物世界の概要と昆虫が特異的に発達させてきた変態の実態とその意義について学びます。第Ⅱ部では、私たちの社会や生活のあり方や改良点を変態の視点に立って考え直し

ます。第Ⅲ部では、その応用として具体的には高山市を取り上げそのあり方について高山学の構築という具体的な活動を通して考えることにします。

第Ⅰ部　生物（昆虫）の変態

1．生物の世界と昆虫の繁栄

1）生命の誕生と昆虫の寿命

　第Ⅰ部では生物とりわけ昆虫の変態について学ぶことにします。まず、生物の世界をその誕生の歴史から見てみましょう（図1）（山下、2001, 2015）。地球は46億年前に誕生しました。

　原始生命は約40億年前に誕生し、以後、いろいろな変化や進化を経て、約4億年前に昆虫が誕生しました。以来、昆虫はトンボに見られるように原形を留めながら多様な変化を繰り返しつつも今日に至っています。ちなみに、マンモスは1.5億年前に誕生しましたが、6,000万年前には絶滅しました。人類としては約700万年前に誕生しましたが、ヒト（ホモ　サピエンス）は約20万年前の誕生です。この40億年の生命史は、まさに種の誕生と絶滅の歴史であり、この間、今日の生存種の10倍以上の種が絶滅したといわれています。この中で昆虫は、絶滅することなく生き続けてきた類まれな生物群であり、昆虫が開拓した長生きの戦略を学ぶ価値は大いにあるといえます。

2）生物界の現状と昆虫の世界

　現在、地球上に生息している生物種の総数は5,000万種とも1億種とも推定されています。そのうち、科学的に同定されている生物種の数は、学者によって違うのですが、私は250万種説をとります（図2）（山下、2001, 2015）。その内訳は、ウイルスや細菌などの微生物が37万種、植物が38万種、残りの175万種が動物です。動物の中で、魚類、鳥類、哺乳類等の背骨を持つ脊椎動物は約5％で、残りの95％は背骨を持たない無脊椎動物です。無脊椎動物の約80％を昆虫種が占めています。従いまして、昆虫群は全生物

基調講演

種の60％近くを占め、今日の地球環境に最も適応した生物群といえます。昆虫が開拓した高度な環境適応能を学ぶ価値は十分あるといえます。

3）昆虫の繁栄

　このような昆虫が開拓した生存戦略は何だったのでしょうか。1つは、体型をできるだけ小型化し、発育時間を短くし、一生（寿命）を短命化したことです。昆虫は人間のような長寿命化戦略ではなく、世代期間を短縮することによって世代交代の頻度を上げていきました。その結果、頻繁な遺伝子交換によって形質変異体の創出や病原微生物による発病の機会の減少等により、個体の維持と種の保存を確実にしました。2つは、飛翔能力の獲得によって生活空間を2次元から3次元に広げ、食糧資源の発見や生殖相手の探索を効率化しました。3つは、一生のうちに生活型（ライフスタイル）を大胆に転換する戦略を獲得したことです。一生のうちに変態、休眠、多型、擬態等を取り込み、必要な食料資源や生息場所を質的に変換することに成功しました。変態は子供（幼虫）と大人（成虫）の住む場所や食べ物を変えることで個体数（人口）を維持増加させているのです（名取、2001; 山下、2015）。

　余談になりますが、経済界では合併、吸収等で企業規模を大きくすることが企業の安定化と成長を促すことになるとされていますが、この論理は、市場と資源が無限に広げられることを前提としています。地球世界は有限であり無制限な拡大は自滅への道であり、昆虫はこの戦略を4億年前に放棄しました。

2．変態の実態とその意義

1）変態する昆虫

　ここには、オオムラサキ（国蝶）、アゲハチョウ、ギフチョウ、テントウムシ、カブトムシ、ホタルの幼虫が成虫へ変態する様子を示しました（図3）（海野、2001）。これらの昆虫を含め約90％の昆虫種が、卵から幼虫になり蛹を通して成虫へと完全変態します。幼虫と成虫とでは、その食べ物や生活空間が完全に変わっています。約10％が不完全変態の昆虫で、幼虫が徐々

に変化し蛹になることなく成虫に変態します。変態しない（無変態）種が2種類だけ知られています（Truman and Riddiford, 1999; 名取、2001; 山下、2015）。

2) カの一生と変態

　カ（アカイエカ）の一生を図4に模式的に示しました。成虫は水中または水辺に卵を産み落とします。これが孵化して幼虫（ボウフラ）になり、水中を住処として有機物や微生物を食糧にして成長します。一定の大きさに成長すると、陸地へ上がり蛹へと変態します。蛹は10日前後で成虫に変態します。成虫は空中を住処として、花粉や花蜜あるいは動物の血液を食糧とし、生殖活動に専念します。このように幼虫と成虫は、その生活の場と食資源を完全に変え、全く異なった生活型（ライフスタイル）を実現します。

3) 変態の仕組み——体内の組織と器官の変換

　カイコの変態に伴う体内の組織と器官の変換の様子を図5に示しました（森、1970）。幼虫はその主要な組織・器官としては消化器官系（中腸）を発達させ、貪欲に食べて成長することに集中した栄養生理体制を発達させています。これが蛹に変態しますと、消化器官を始め幼虫系の組織・器官は分解・破壊されて無定形の液体（体液）になります。成虫への変態過程では、新規な成虫系の組織・器官（飛翔筋肉、卵巣、精巣、生殖付属腺等）が分化・発達し、生殖機能を中心とした成虫体制が作り上げられます。このように、幼虫から成虫への変態は体内の組織・器官の分解・崩壊と新たな合成・形成という一大転換事業として遂行されます。

4) 変態の仕組み——分子・細胞の変換

　ここではニクバエの変態を取り上げます（図6）（名取、2001; 久保、私信）。ニクバエは約4週間で卵、幼虫、蛹、成虫へと成長、発育して一世代を終わります。幼虫から蛹への変態は、幼虫個体の発育状態と生息環境の変化を感受し、これを内分泌系（ホルモン系：幼若ホルモン、脱皮ホルモン）で情報化し、一定のホルモン環境（幼若ホルモン分泌能の低下と脱皮ホルモン分泌

基調講演

の増加）の設定で始まります（Truman and Riddiford, 1999）。このホルモン情報系は幼虫型の血リンパ球に作用し、突如として蛹型の血リンパ球へと形質転換します。この蛹型の血リンパ球は、特異的なタンパク質分解酵素を合成・分泌することで、幼虫系の組織・器官を非自己と認識して異物排除の対象とします。つまり、幼虫系の細胞をその構成低分子までに分解し、組織・器官を完全に崩壊し、幼虫系の生理機能を全面的に排除します。

　一方、新たなホルモン情報系（脱皮ホルモン単独の存在）の発現により、新たな一連の遺伝子群の発現が誘導され、成虫系の細胞が分化・成長・発達して、成虫系の飛翔系器官や生殖系器官が構築されます。この成虫系器官の形成には幼虫系組織・器官の分解産物が素材として活用されているのです。分子・細胞レベルで描ける変態は、まず、体内外の環境変化を受容し、新たなホルモン情報系を創出し、自己を非自己化と認識することを始点とし、特異的な生体分解反応を発動して、幼虫系の機能を破壊・排除します。その分解産物を資源として、新規な情報系の下で、新規な遺伝子群の発現をもたらし、多様な高分子を合成・蓄積して、新規な成虫系の細胞・組織・器官を形成して、成虫に特異的な生殖機能が完成します。変態は個体内の体制の一大改造事業です（山下、2015）。

5）変態の意義

　変態のもつ生物学的な意義は、「一生のうちに生きる基本戦略(パラダイム)を転換することにより、新規な生活型を創出すること」といえます。一世代内で2つの全く異なる生き方（生存戦略）を実現し個体の維持と種の保存を図る戦略です。もう少し具体的に変態の持つ意味を挙げますと、1つは、生活空間を二次元から三次元へと拡大し、新たに活動の場を開拓することです。2つは、食資源の新開拓と食性の転換です。幼虫は主に固形物を咀嚼する方式を採用していますが、成虫は流動食を吸引する方式に転換しています。3つは、新規な遺伝子発現による新規な生活型の開拓です（Truman and Riddiford, 1999; 山下、2015）。

　ちなみに、福澤諭吉は「一身にして二生を経る」といっています。この「二生」とは幕末から明治維新にかけての動乱の時期を異なる2つのパラダイム

昆虫の変態から学ぶ持続可能な高山市づくり

で生きたことの表明だと思います。

第Ⅱ部　変態による社会の転換

　生物世界で開拓された変態の知恵は、私たち人間の社会や生活を将来に亘って維持的に発展させるための新たな知恵として役立つと思っています。もちろん、これまで世界の人文社会学の知を集積し応用することによって、未来の社会構造や生活のあり方についての指導理念や実践方策が多く提案されてきました。しかし、この知的活動の延長線上で人類の未来を描くことに対しては多くの疑念が出てきています。その1つとして、Beck（1998、2016）による批判的な考察と具体的な提案に見ることができます。これらも参考にして、人間の社会や生活の新たな転換に変態の知恵を応用することを試みました。

1．社会の現状

1）地球規模化した事件や事故の頻発
　20世紀の中葉からの情報通信技術の世界的な発展と普及により、人間の多くの活動がグローバル化することによって、国や地域を越えた地球規模での事件や事故が頻発しています。具体的には、①世界各地での多様なテロ攻撃、②気候変動（温室効果ガスの蓄積による温暖化）による天災害、③世界連動の金融危機、④局所的な原発事故による地球規模の放射能汚染、⑤遺伝子組み換えや遺伝子編集技術等の導入による未知の遺伝子改変動植物の作出、⑥ヒトでの人工授精、受精卵移植、生殖質の凍結保存技術等による国境を越えた生殖医療の実施、⑦デジタル情報通信技術の高度化よる国際的な情報操作（スパイ活動等）等が、日常的に蔓延しつつあることです。

2）世界共通の普遍的な価値・秩序・規範の流動化と浮動化
　世界的に共有されていた普遍的な価値観、秩序や規範が劣化し、なし崩し

基調講演

的に放棄されています。具体的にみますと、①自国主義の台頭により世界の国や地域をつなぎとめていた規範や秩序が外れ、国際社会（国際連合）の分裂・分解の危機、②混乱が常態化し世界的な不安定化の進行・増進等が挙げられます。

3）現状の認識

　これまでの国民国家を基盤にした社会の基本的な概念や価値を踏襲した上での修正、変容、変化、転換、改革では、これからの世界社会に求められる普遍的で指導的な世界観（価値観）、行動規範、社会秩序を構想し創造することは不可能に近いと認めざるを得ません。これまでの基本戦略（パラダイム）の全面的な転換（変態）によって、未来社会をその根本から構想し直す時代だと、認識すべきでしょう。

2．変態による社会の転換

1）変態で目指す社会

　現在の社会は、その指導理念としている「経済成長信仰」の下で、具体的に生産し分配している所得、教育、健康、労働、福祉等の財産、資産、便益（ベネフィット）、利益（グッズ）等がどれくらい成長し、どれくらい大きくなったかを基準として社会の多くの活動を評価し、改善してきました。この成長思考に基づく社会経済的な諸活動が、近年世界的にも失速し劣化しています。その大きな原因は、これらの諸活動の過程で生産し蓄積してきた負債（デット）、危険（リスク）、損失（バッズ）等による財政危機リスク、気候変動リスク、金融リスク、環境リスク、健康リスク等が負の遺産として蓄積されてきたことによると理解できます。したがって、これからの社会の構築と展開には、これまでの経済成長期に野積みにされてきた負債・リスク・バッズにどう対処し、それらからいかに回復するか。そのことを前提条件として、これまでの社会制度や歴史にとらわれない新しい社会体制へと一大転換するしかないといえます。これまでのように国民総生産（GDP）を指標にして社会を設計するのではなく、この間に溜め込んできた負債（リスク）

の解消を基本とした社会の構築が求められているのです。

2）未来社会の形

　これまでの世界が共有していた人間のあり方、社会のあり方、政治のあり方、経済のあり方等を基盤とした上での補強、修正、変更、変革では、今後に求められる社会の実現には至らないでしょう。今、問われていることは、世界観、自然観、人生観の根本に立ち返って観察・調査・分析・研究し、新たな理念・価値・規範を創造し、そのもとで具体的な社会の基本形を描き直すことです。例えば、今日の世界を代表する「国民国家主義やグローバリズム」を超えた、「世界主義とかコスモポリタニズム」を基調とした個別の都市（地域）を構想し、設計することになります。ここでは、今日の中心的な統治機構である国民国家や地方自治体を消滅させるのではなく、新たな世界社会を中心におき、その周りを回る衛星として個別の国家や地方自治体を配置した地球社会を構成することを想定します。つまり、「コペルニクス的な転換、2.0」の発想です（Beck, 2016）。

3）変態した社会の活動

　新たに変態した社会（都市、地域）にはどのような活動が期待され実現されるでしょうか。1つは、新たな経済的な活動であり、その活動は社会の世界化、コスモポリタン化に伴い各都市（地域）が主体となり、世界の各都市と直に交渉、交流し、ヒト、モノ、カネ等の投資の呼び込みと新規な市場の開拓に繋げ、先進的で世界的なブランド製品や技術を創出し、世界的なレベルでの活力を発揮することになります。2つは、新たな政治的な活動であり、共生と競争、経済と環境、平等と格差、利己と団結、国家主義と世界主義等にみられるような二項対立的な政治力学に代わる新しい政治理念のもとで、それぞれの都市（地域）が基盤としている価値観、規範、秩序を基に政治の目標、制度設計、行政方法等を新たに構想することです。3つは、都市（地域）としての社会的な活動であり、これまでの経済成長期に蓄積されてきた負債・リスク・バッズを回復させる中で、世界の各都市（地域）との横断的な交渉や交流を相互に進めることです。これまでの国民国家との関係を逆転

基調講演

させた都市（地域）主体の活動を展開することです。このことで今日の国家
連合とは異なる新たな世界都市（地域）間での連携協力関係を樹立すること
になり、都市（地域）を中心にした政治・経済・社会活動を世界規模で展開
することが期待できます。

第Ⅲ部　変態の視点から高山市・高山学

１．地域学としての高山学の必要性

１）高山市の現状分析と評価

（1）平成26年（2014）、国は「まち・ひと・しごと創生法」を成立させま
した。これを受けて「総合戦略」等を制定し（平成27年）、国としての立場
から全国共通の地方創生に関わる行政課題を各自治体に提案しました。各自
治体はこれを受けてそれぞれの総合戦略を立案し、また、その成果を報告す
ることで、国からの財政支援を得ることになりました。これは財政誘導政策
の一つであり、ローカルアベノミクスの推進政策といえます。高山市には高
山市に固有の課題で、かつ早急に解決しなければならない課題が野積みして
おり、これらの課題解決が国の新政策の導入によって混乱される危惧もあり、
国と地方との在り方も課題として残っています（山下と金井、2015）。

（2）高山市は、平成27年（2015）10月に「高山市のまち・ひと・しごと創
生総合戦略」を作成し、基本的な考え方としては、①人口減少に歯止めをか
ける「積極的な戦略」や②社会に対する「適応戦略」等が取り上げられてい
ます。これらの基本的な戦略をどういう具体的な戦術の基で実践するのかが
問われています。

（3）高山市は、市としての独自活動として、平成27年（2015）に「第8次
総合計画（平成27年から10年間）」を制定されています。この計画の進捗状
況を正しく点検・評価することで、所期の目標の強化や見直しも含めて、今
後の活動の有効な展開のための指針となります。多くの評価が数量的な査定
に終わっており、真の意味でのPDCAサイクルを回すための役割を果たし

きれていない状況にあります。

2）高山学の構築

高山学（地域学）は学術的な視点から高山市（地域）の現状を総合的に観察・解剖・診断し、その上で査定・評価・認識し、その成果を高山市（地域）の将来構想や設計、さらには実践のための理論的でかつ技術的な根拠を具体的に提供する新規な学術領域といえます。ここでは科学的な実態把握に裏打ちされた評価と認識が基本であり、現状を未来につなぐ最大の学術的な基盤を与えることになります。高山学を構築することは、今後の高山市に関わる全面的で長期的なビジョンの立案や社会経済活動の展開方策、さらには生活文化の質的な発展のための理論的な根拠を構築し蓄積することにあります。

少し脇道にそれますが、人生とは学ぶことの連続であり、学ぶとはすでにある知識や技術を習得（勉強）する知の消費者や流通者ではなく、自らが必要とする知を自ら作り出す知の生産者になることだと、私は思っています。高山市民が自らの高山市を持続的に発展させるためには、高山学の構築と展開にいろいろな立場から参加し、新しい知を生産し、流通し、消費しあうことが基本になります（吉本、2008）。

3）知財としての高山学の効用

高山市が知識基盤社会として世界に伍して発展するために、高山学は高山市民の共有の知財としての役割を分担します。「知識基盤社会」は、1998年のドイツのボン市での世界サミット（G7）で提案された21世紀の社会像です。20世紀がエネルギーと物質（資源）を基盤にした社会であったとすれば、21世紀は人間の知的な活動をもとに社会を育てることになります。今日の世界が当面している危機が現行の国民国家体制の下で解決される期待は薄く、とりわけ地域の課題は国を頼るのではなく、地域住民が知力と体力を鍛える中で自主的に解決することになります。地域の有する資源と市民の持つ知力（高山学）を活用することで豊かで幸せな高山市を創り出すことになります。

私たちが目指す地域学（高山学）は、今日すでに認知されている科学の諸

領域、認識科学、（人工物）設計科学、フィールド科学、レギュラトリー科学には包括されない新規な学術分野を目指すものでもあります。当然、大学としても正面から取り組まなければならない課題です。第2期の高山市と中部大学の連携協力活動の中心的な課題の1つは、「高山学」の構築という知的な創造活動といえます（吉本、2008）。

4）高山学の構想

　具体的に高山学を構想しましょう。いろいろ考えはありますが答えはまだありません。最も重要な点は、今までの思考の延長線上ではなく、発想を大転換（変態）することです。それから、官学産金労言民を問わず市民総掛かりで、それぞれの立場に立って自らの課題として活動に参加する仕組み作りが必要です。「三人寄れば文殊の知恵」といいますが、私はこの三人は「若者、ばか者、よそ者」だと思っております。全く異なる志向の3人が集まったときに初めて新奇な発想が生み出されるはずです。もちろん、国内で進められている先進的な地域活性化の実践例を正しく学び批判的に検討する中で、独自の高山学を構築し、地域の基本的な知財としての役割を果たすことになります（吉本、2008; 山浦、2015）。

おわりに

　今日は「変態」という生命世界が開拓した生存戦略を紹介し、この変態戦略が人間の豊かな暮らし創りや、世界社会や地域社会（高山市）の未来創りに適用できないかについて、荒削りの提案をしてきました。

　私の変態観は、卑近な例で述べれば、二次元の運動体である自動車が、ある時点で自律的に素材までに分解し、全く新しい情報を発現して三次元の運動体である飛行機に生まれ変わることです。自動車のエンジンを内燃機関から電動機に変えるとか、最初から飛行機能を備えた自動車を作るといった改造は変態とはいいません。このような転換の発想が実現可能かどうかを心配するのではなく、異次元の常軌を逸した発想をめぐらし構想を膨らます勇気を時代が求めているのだと了解すべきです。この時代感覚が豊かで幸せな高

山市の創造につながると私は思っております。

参考文献

(1) Beck, U. (1986) *Risikogesellschaft: Auf dem Weg in eine andere Moderne*. Suhrkamp Verlag.（ウルリッヒ・ベック著、東　廉、伊藤美登里訳（1998）『危険社会：新しい近代への道』法政大学出版）

(2) Beck, U. (2016) *The Metamorphosis of the World: How Climate Change is Transforming Our Concept of the World*. Polity Press.（ウルリッヒ・ベック著、枝廣淳子、中小路佳代子訳（2017）『変態する世界』岩波書店）

(3) 藤田一照、桜井肖典、小出遥子（2017）『青虫は一度溶けて蝶になる：私・世界・人生のパラダイムシフト』春秋社

(4) 名取俊二（2001）「昆虫の変態におけるスクラップ＆ビルド」『昆虫から学ぶ生きる知恵』クバプロ、132–143

(5) 森　精編（1970）『カイコによる新生物実験：生物科学の展開』三省堂

(6) Truman, J. W., Riddiford, L. M. (1999) The origins of insect metamorphosis, *Nature*, 401, 447–452

(7) 海野和男（2001）『昆虫変身3D図鑑：変態の決定的瞬間』雷鳥社

(8) 山下興亜（2001）「休眠から学ぶ生きざま」『昆虫から学ぶ生きる知恵』クバプロ、44–54

(9) 山下興亜（2015）「生物学から学ぶ生活の知恵」南　基泰、上野　薫、山木昭平編『環境生物学序論』風媒社、10–17

(10) 山下祐介、金井利之（2015）『地方創生の正体：なぜ地域政策は失敗するのか』ちくま新書

(11) 山浦晴男（2015）『地域再生入門：寄りあいワークショップの力』ちくま新書

(12) 吉本哲郎（2008）『地元学をはじめよう』岩波ジュニア新書

基調講演

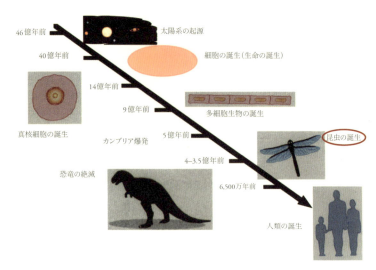

図1　生命進化の歴史と昆虫の誕生

原始生命は40億年前に誕生し、その後多様な生物の誕生と絶滅を経て今日の地球生命界を構成している。昆虫は4億年前に誕生し、原形を残しながら今日に至っている。（山下原図）

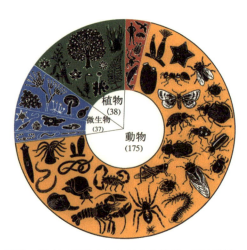

図2　現在の地球上における生物種の存在割合

科学的に同定された生物種数については諸説あるがここでは250万種として、微生物群、植物群、動物群に属する種数を示す。（　）内の数字が種数。（山下、2015）

昆虫の変態から学ぶ持続可能な高山市づくり

図3　いろいろな昆虫の変態
ここには幼虫から成虫への変化を示した。(海野、2001を改変)

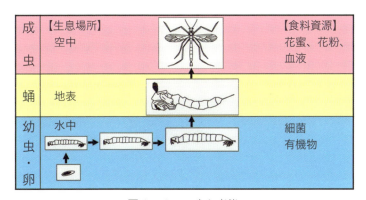

図4　カの一生と変態
アカイエカの卵、幼虫、蛹、成虫への成長・変態とそれぞれの生息場所と食料資源を模式的に示した。(山下、2015を改変)

基調講演

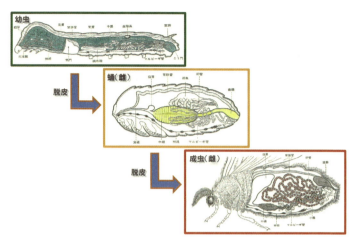

図5　カイコの幼虫、蛹、成虫への変態に伴う体内の組織・器官の変化
幼虫では中腸と絹糸腺、蛹では体液（空間）、成虫（雌）では卵巣が主要な組織・器官となる。（森、1970を改変）

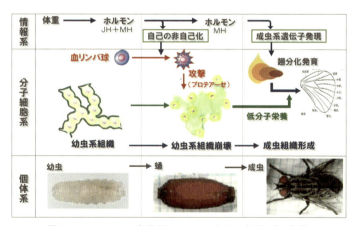

図6　ニクバエの変態期における分子・細胞系の転換
幼虫が一定の大きさ（体重）に成長し、生息環境に反応して新たな情報系（幼若ホルモンの分泌減少や脱皮ホルモンの分泌増）が確立されると、幼虫体内の血リンパ球が突然形質転換し、幼虫系の組織・器官を非自己として認識し、特異的なプロテアーゼを分泌して組織をその構成低分子にまでに分解・崩壊する。次に脱皮ホルモン単独の情報系になると成虫系の遺伝子が新たに発現を開始し、翅や生殖器官を幼虫組織の分解物を材料にして形成し、成虫体が完成する。（名取、2001、改変；久保健雄私信）

パネルディスカッション

高山市と中部大学の連携の可能性

話題提供／パネリスト

- **竹島喜芳**〈中部大学国際 GIS センター・准教授〉

- **林　　上**〈中部大学人文学部・教授〉

- **福井弘道**〈中部大学中部高等学術研究所・所長、教授〉

- **森山昭彦**〈中部大学応用生物学部・教授〉

森林政策をめぐる最近の動向

竹島喜芳

　私は日ごろ、森林管理や地理情報システムを研究しております。そんな私が、今日は「森林政策をめぐる最近の動向」という話をさせていただきます。というのは、今、市役所では、2019年度以降の森林・林業の取り組みについて、なんらかの迷いや不安があるのではないかと思っているからです。そして私の研究が、高山の皆さんに何かお役に立つのでは？とも思っているからです。高山学の裾野に位置する1つの取組みとし、こんなこともあり得るのかと考えていただけたらと思います。

1．森林計画制度の流れ

　2019年度から森林・林業を取り巻く日本の情勢はとても大きく変わろうとしています。森林環境譲与税と森林管理システム（森林経営管理法）が新たに動きはじめるからです。このことは高山市にとって非常に大きな事件となります。というのは、この二つの制度の最終的なプレーヤーが高山市だからです。事の重大さを理解していただくために、現在、日本で動いている森林計画制度を説明しながらその問題を解説します（図1）。

　林業という活動は、木を植え、伐ったり売ったりする活動です。その活動が森林所有者の自由意志で行われているかというと、今はそういう状態にはなっていません。ではどういう状態なのかというと、図1のようになっています。

　まず政府が、これからの日本の木材や森林に対する国民の要望は「こうなる」から「このよう」にして森林を管理していく、という長期的な目標を立てます。森林・林業基本計画と言われるものです。次にこの全体的な長期目標に従って、農林水産大臣が15年間を目途とする全国森林計画を立てます。

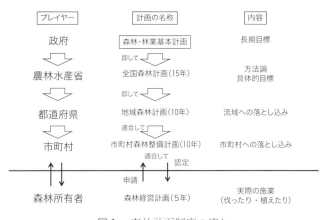

図1　森林計画制度の流れ

森林管理や木材生産の長期的な数値目標を作るわけです。その次に、全国森林計画で地方に割り振られた数字を達成するための具体的な数値計画（地域森林計画）を、都道府県知事が立てることになっています。そして、その目標に従って、市町村は具体的にどのように地域森林計画で設定した目標を達成するかを記述した、市町村森林整備計画を立てます。

このように、国の考える目標を達成するための具体的な計画は、国から市町村まで整然と整理されています。けれど、日本は資本主義社会です。自由意志で林業経営をしてもよいので、本来、行政が立てる計画は絵に描いた餅にしかすぎないはずです。しかし、実情はそうなっていません。絵に描いた餅が、本当の餅になっているのです。そのカラクリを次に説明します。

林業はご存知のように、現在は収益があがる産業になっていません。長く低迷している産業です。産業としてかろうじて存在しているのは、国から交付される補助金があるからです。その補助金は、森林所有者等が市の意向（すなわち県や国の意向）に沿った計画（森林経営計画）を立てたとき有利に受けられるようになっています。というわけで、絵に描いた餅は補助金によって本物の餅になるのです。こうした一連の流れを成す森林施策は、「森林計画制度」と呼ばれています（図1）。

この流れが、2019年度から大きく変わろうとしています。この変化は、

活かすも殺すも、市町村次第です。ですが、国の森林政策に対する思惑を理解していないと、その新しい制度を上手に活かせないと私は思っています。そこで、国の思惑がこれまでどのように変わってきたのか（温故知新とでもいいましょうか……過去の変遷の延長線上に未来がありますので）を掘り下げて考えてみます。

2．森林計画制度の沿革と変遷（図2）

　そもそも森林計画制度は、いつ、なぜ、誕生したのでしょうか？その誕生は、明治の終わりにまで遡ります。明治後半には明治の始めから続いた森林の収奪が酷く、全国各地で禿山が増え、洪水や土砂災害が起こりました。これは大きな問題です。そこで政府は問題解決の方法を考えました。思い当たったのが、森林所有者の自由意志で林業経営をさせていたからだ、ということでした。そこで、まず行政（都道府県）によってコントロールできる公有林や社寺林には、その森林を保全するための長期計画を立てるように指導しました。と同時に、都道府県は管内の森林をどれ程なら伐採しても枯渇しないのか（禿山にならないか、土砂崩れや洪水を防げるか）を知るために、管内の森の状態を調べ、伐採許容量を算出し、森林の伐採はその許容量内にするよう都道府県による許可制としました。つまりこれまでは、自由意志で木を伐れたものが、許可制になり、自由意志では木を伐れなくなったのです。そういった動きが、戦争の直後まで続きました。なお、この時市町村は、森林行政の蚊帳の外です。

　それが戦後になり、国が成長していくために木をたくさん使うということで、森林政策のメインテーマは、伐採規制から植林推奨に力点が変わりました。では、森林所有者は、自由意志のもとで国の目指す計画を実現するよう木を植えたかというと、そうはいきませんでした。植林はなかなか進みませんでした。そこで政策として、都道府県の認定を受けた植林計画ならば、それを実行するときには各種税を優遇する、としました。すると植林面積がドドッと増えました。この政策は拡大造林というもので、広葉樹の林が伐られ、針葉樹が植えられました。その結果、スギ・ヒノキの森林面積は大きく広が

明治後半〜昭和25年	伐採規制	公有林・社寺林へ予め長期計画義務づけ
昭和26年〜昭和30年代半ば		都道府県が長期計画策定・森林伐採許可制
昭和30年代半ば〜	植林推進	森林所有者が森林施業計画作成し、その計画が都道府県に認定されたら、税の優遇処置を受ける。
平成10年	森林の保育	市町村森林整備計画の導入 森林所有者が森林施業計画作成し、その計画が市町村に認定されたら、税の優遇処置を受ける。
平成23年	丸太の確保	森林施業計画が森林経営計画に変わる。（土地をまとめる・計画量をまもる・予め所有者から了解を得る）
平成31年		新たな森林管理システムの採用

図2　森林計画制度変遷

ることとなりました。このときも市町村は森林行政の蚊帳の外です。

　植林が一段落する昭和後半から平成に入るころ (1989) になると、植えた木を育てなければいけないので、森林政策の焦点は伐採規制から植林、そして間伐に移りました。しかし、間伐をしましょう、と国や都道府県がいっても、この頃には林業の衰退が始まっており、間伐しても採算が合わず、なかなか現場の間伐は進みませんでした。つまり、国や都道府県が現場を動かそうとしたのですが、現場の間伐は進まなかったのです。

　そこで、突如として平成10年 (1998)、より現場に近い役所である市町村に、森林所有者から出された育林計画（当時は、森林施業計画と呼ばれていた。現行森林経営計画の前身）の認可が託されるようになりました。このときはじめて、これまで国の森林計画とは全く無関係であった市町村は、突然、森林行政に巻き込まれることになったのです。とはいえ、市町村は国や県の傀儡というか……、国や県の言うとおりにしていれば、仕事は穏やかに回っていきました。つまり……国や県の言うとおりにすることが森林計画制度でありましたし、異なることをしようにも財源がないので、国や県の言う通りに動くしか方法がなかったのです。

　そして現在、時代は森を育てること（間伐）が一段落したという理解のもと、丸太の確保を急ぐようになりました。この丸太を確保するための動きが

パネルディスカッション | 高山市と中部大学の連携の可能性

冒頭にお話しした、平成31年 (2019) 度から始まる「新たな森林管理システム（森林経営管理法案)」「森林環境譲与税」です。

3. 森林計画制度の大転換

　平成31年 (2019) の森林経営管理法では、市町村に森林管理の裁量と権限・財源が与えられることになりました。これまでは、市町村に森林所有者から出される計画の認定権限が与えられていたとはいえ、市町村が独自に「管内の森をこうしたい！」という強い思いがあったとしても、なにもできず、国や県の意向に沿う動きしかできませんでした。しかし、「新たな森林管理システム」では、市町村が「管内の森をこうしたい！」ということを実行するための法的な環境（裁量と権限、そして財源が用意される）が整うことになりました。しかし、この環境は、市町村の国の行う森林管理に関する施策についての深い洞察がないと活かせないものです。今はそういった際どいときです。

　国は、近年丸太を確保しようと様々な政策を打ってきました。しかし、なかなか期待通りの成果が上がってきません。そこで成果が得られないのは、森林の経営が森林所有者の自由意志に委ねられているため、林業の生産性が低いからだと考えました。そうした状況を改善するため、「新たな森林管理システム」では、まず森林所有者が林業経営をする意思があるのかないのか、市町村が森林所有者の意向調査をすることになっています。意向調査の結果、林業経営をする意思がない森林は、市町村が森林所有者から預かり、そのうちの林業経営に資する森林（採算がとれそうな森林）は、やる気のある民間企業に市町村が経営権を渡し、林業経営に資さない森林は、市町村が引き取って間伐を推進することになりました。こうして民間活力を使いながら丸太を確保し、一方で採算が合わないために手が入らない森林も市町村が主体となって森の管理をするというわけです。これまでもそれに近いことが法律で描かれてはいたのですが、そこに至るまでの手続きが煩雑なうえ、財政措置がありませんでした。市町村が主体になることが法的にできても、先立つものがなかったのです。しかしこれからは、国民1人1,000円の森林環境税が

一言でいうと、従来森林所有者の自由意志によって行われてきた「林業経営」を、市町村が主体となって舵取りするようにできる仕組み。

そのための財政措置が森林環境譲与税。

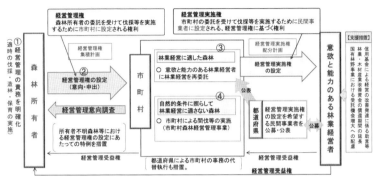

目的：
温暖化対策・林業成長産業化・地域創生（中山間地域の持続性確保・雇用の確保）

林野庁：「森林経営管理制度(森林経営管理法)について」
　　　参考資料　森林経営管理法について　改変

図3　新たな森林管理システム（森林管理法）概要

徴収され、それが市町村に配布されることになります（森林環境譲与税）。支払う対象は6,000万人ほどいるそうですから、総額600億円ほどの財源ができることになります。その財源が市町村に配付されるので、市町村が独自に「管内の森をこうしたい！」と思えば、自らの意思で実施できるようになります。これまでは国や県の意向に沿うしかなかった管内の森林のグランドデザインを、市町村が自ら描き実現できるようになるわけです（図3）。このような森林政策の大転換をしてでも、なんとか丸太を確保したいという国の思惑には、こういった背景がありました。

図4は、林業白書などにいつも出ている木材価格の変動のグラフです。木材価格は、昭和55年（1980）ぐらいをピークに、右肩下がりになっております。物価は当時と比べて何倍も上がっているはずですが、丸太の値段は全く変わっておりません。そのために、今では多くの森林所有者は経営意欲を失っています。

パネルディスカッション ｜ 高山市と中部大学の連携の可能性

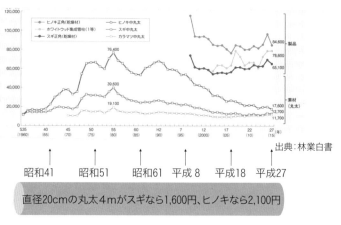

図4　丸太価格推移

　ところが、この丸太の国際取引の量をごらん下さい（図5）。図5の一番下が日本です。1970年代ごろまでは国際市場で取引される丸太の半分ほどを日本が扱っていました。そのため、日本は国際市場における丸太の価格決定力を持っていました。しかし、次第に日本の取引量は少なくなってきました。変わって、特に2000年ぐらいからは、中国がどんどん丸太を扱うようになりました。そのため日本は今までのように丸太を入手できなくなってきているのです。その結果、日本は国際市場において丸太の価格決定力を失いました。いまでは、海外から丸太を調達できない国内の製材所も出てきています。

　こういったことを背景に、国内から木材を調達する動きが始まり、昭和30年代（1960年代）の木材輸入自由化以降、下がる一方だった木材自給率が最近上がってきています（図6）。国としては好ましいことです。ただし、これは森林施策が効いて上がってきたというよりも、国際的に木材の価格が高くなり、日本が外国から自由に丸太を買えなくなったので、結果的に国内の森林資源に関心が向けられるようになった、ということです。

　そして、その機に乗じて、国は国内産の丸太の増産を所望しています。理由は1つです。森林計画制度の最上位の森林・林業基本計画に、平成37年（2025）には木材自給率を50％にするとうたったからです。現在の木材自給

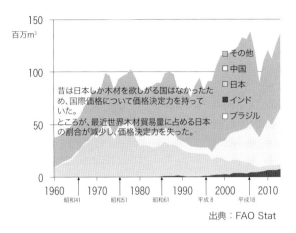

図5　国際丸太市場における日本の影響力

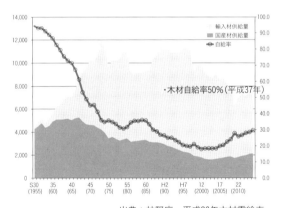

図6　木材自給率推移

率は30数％ですが、それを7～8年の間に50％まで持っていくという目標を掲げたのです。そのため国は、製材工場の大型化、バイオマス発電所建設、大型公共建築物の木造化など、木材を消費する取り組みをたくさん打ち出し、出てきた丸太の受け皿を着々と用意してきました。ところが、いまそれらに供給する丸太が足らないのです。そこで、丸太が出ないと困るということ

パネルディスカッション｜高山市と中部大学の連携の可能性

で、市町村に期待して丸太を出すよう頑張らせる政策を打ってきているわけです。

4．国が考える延長線上に高山市の将来はあるのか

　さて、以上が教科書的な林業の概論ですが、ここからはさらに林業問題を掘り下げて見てみたいと思います。以下は私の独自の解釈が入っていますので、こんな視点もあるのかというくらいの気持ちでお読みください。

　まず、そもそも林業は経済的に頑張れるのかということを考えてみます。平成26年（2014）の林業GDP、つまり林業でいくら付加価値をつくれたか（丸太を売った売上がいくらだったか）という数字によれば、2,345億円となっています。国家予算が約100兆円ですから、非常に微々たるものです。少し前に問題となった国立競技場1個分の建設予算で、林業に関わる人を1年雇用できます。この前発表されたディズニーシーの改築は1,500億円、名古屋城天守閣木造復元のために先行して発注した木材が94億円です。そう考えると、今の状況で林業を頑張らせても日本経済全体にどこまでの波及効果があるのかというと、ちょっと私は疑問に思っています。しかも、この2,354億円というのも、投資ゼロで得られるものではなく、投資によって育てて、初めて得られるものです。では、2,354億円を得るために、国はどれくらい投資しているかというと、2,438億円です。つまり林業は今の所、基本的にやればやるほど赤字というような形態です。つまりあの手この手で林業を頑張らせても、日本全体への経済的効果は殆どない上に、そもそも経済性のある産業ではないのです。

　こう考えると、市町村に丸太を確保するよう頑張らせる今の国の取り組みは、果たしていいものなのか。私は疑問を持っています。さらに、丸太確保を促進させたいがため、国はあるときから突如として森林資源は収穫時期に突入した、と言い始めました。私はそう思っていません。おかしな流言だと思います。このスローガンは内閣府のある人が言い始めたことなのですが、今では行政に関わる人が皆唱えています。

　そもそも木は、野菜と違って収穫時期に決まりがあるものではありません。

30

小さい木でもそれを使う人がいれば収穫に値しますし、大きな木でも使う人がいなければ、収穫時期とはいえません。ですから、林業に係る者は、国策に乗ずる前に、自らの頭で考えてみることが、私はとても重要だと思います。国の動きに反応しているだけでは、せっかく市町村に裁量と権限、財源が降りてきても、国に振り回され、資源管理のミスリーディング（失敗）となりかねません。

　私のほら話の一つを紹介します。これまで、世界の人口が増えるに従い、木材需要は増えてきました。現在世界の人口は70億人です。それが2050年には100億人になると言われています。素直に考えれば、これからもっと木材が必要とされることが予想できます。そうなったとき、木材を世界市場に供給できる国は少ないはずです。ならば、いま使途が特に定まっていない（けれど、国は無理矢理使途をコツコツ作っている）日本の潤沢な森林資源を、国の「木材は収穫時期を迎えた」のスローガンに乗っかって、伐ってしまうのは得策でしょうか？　そんなことをしたら、千載一遇のチャンスを逃すことになるのではないでしょうか。

　また、「農林水産業」ということで「十把一絡げ」に産業振興の国策（農林水産業の六次産業化）が考えられていますが、私は農業水産業と林業は、全く別物だと思っております。ですので今の施策の方針を疑問に思っています。というのは、子供に「父ちゃん、腹減ったよ」と言われて、「今景気が悪いからご飯は1カ月我慢してくれ」ということは有り得ません。なぜなら、人が生存するためには食料は我慢できないからです。人の数が決まると胃袋の数が決まり、胃袋の数が決まると消費量が決まります。この消費量は景気に大きく左右されませんから、計画的な経営や投資を行うことができます。しかし、「父ちゃん、家を建てようよ」と言われて、「今景気が悪いから10年我慢しろ」ということは有り得ます。林業によって生産される商材は我慢できてしまいます。農業（製品生産）と林業（素材生産）は全く別物なので農林水産業というくくりで物事を考えるのは、いかがなものかと私は思っています。

5．おわりに思うこと

　さて話は、高山の森をこれからどうするか、です。高山の森のグランドデザインを考えてみましょう。高山市の森林について「高山市の森林・林業の現状・課題と対策の方向性」という文書を調べてみると、市民が森林政策に求めているのは順番に、災害防止、山村住民への支援、森林の整備、木材の安定供給、地球温暖化防止という森林の機能充実です。つまり国が求める丸太の確保は、市民の期待としては僅少です。

　ということで、これから森林環境譲与税によって市が望めば財源を確保できるようになってくるという中で、国の求める方向のまま、手放しで突き進んでいくのはどうかと思われます。今、高山市が長期的な独自ビジョンをもって森林政策を推し進めていくチャンスなのです。森林政策も、まさに「変態の時期」を迎えているのです。

　最初にお話ししましたが、今まさに高山の森林について、未来を左右するスタート地点に立っています。そのことの重大さを認識すれば、おおきな悩みや不安にかられると思います。もし、認識していなければ、認識を新たにしていただきたいです。私は高山市と一緒にそのことを考える用意があります。

　ご提案としては、まず資源量をしっかりと把握し、地域の森林像をつくり、もちろん国との関係もありますので木材生産もしつつ、それ以外の市民からのニーズの高い部分を着実に具現化していくように、いろいろな政策を打たれるといいのではないかと思います。私もそういったところでお手伝いできればと考えているところです。

再生資源の木材を生かした飛騨高山の
林業の歴史と木工家具産業

林　　上

1．森林資源に恵まれた地理的遠隔地が紡ぐ飛騨高山の歴史

　人と木の間には長い付き合いの歴史がある。温帯モンスーン気候で降水量の多い日本は樹木の生育に恵まれており、国土面積の約68％は森林によって占められる。どこでも簡単に木材は手に入るように思われるがそうでもない。たとえ手に入ったとしても、つぎに入手するまでには時間がかかる。再生可能資源として評価の高い木材ではあるが、林業が成り立つのは広い土地に恵まれた一部の地域である。林業産地は都会から離れた山里近くにあり、そこで生育し伐採された木材は消費地に運び出されたり、木材加工地に送られたりする。木材は長尺物で重く嵩張りやすい素材である。運びやすいとはいえないため、近代的な交通手段が登場する以前は輸送が容易ではなかった。本州内陸部の山岳地域に位置する飛騨は他地域に比べて鉄道開通が遅く、それ以前は川の流れを利用して木材は運び出されていた。木材資源には恵まれているが地理的遠隔性のため、家具生産など木材の本格的活用は近代中期を迎えてようやく始まった。

　古代、奈良や京都などの国家中心地から遠く離れていた飛騨の国は、豊かな森林資源のもとで培われてきた高度な建築技術を見込まれ、匠工を都へ送り出す役目を担わされた。山がちで耕地に恵まれず、たとえ農産物や織物ができたとしても、都から遠いため輸送が容易でなかったため、租税を免れる代わりに技術労働力を差し出したのである。都での役務は１年の交代制で、毎年100名近くが上京した。仕事は楽ではなく途中で逃亡を企てる職人もいたが、その中には有力者に雇用され木工技術の本領を発揮した者もいた。大

和・奈良に飛騨、上飛騨、河合、月ヶ瀬という飛騨地方に縁のある町名・地名が残されているのは、帰郷しなかった飛騨の匠がこれらの地に子孫を残していった証である。

　飛騨と森林資源・木材との深い結びつきは古代からあり、現代もまだ続いている。歴史的な街並みは地元産の木材を使って建てられた建築物であり、匠の技術の美しさが観光客の目を引きつける。伝統的な街並みは長い歴史の中で引き継がれ、今日まで残された。急激な都市化や現代化の波から逃れられたのは、飛騨高山が地理的遠隔地にあり、古代から続く建築技術や木工技術を地元で継承できたからである。森や木を大切に育て、その良さを最大限引き出しながら利用して再び地に戻すという、現代風にいえば資源循環型・持続可能型の産業と生活が、この地で営々と続けられてきた。森林資源とともに歴史を積み重ねてきた飛騨は、近世の林業経営、近代からの木工家具生産、そして現代の歴史的街並み観光へと時代を紡いできた。

2．近世から始まる林業経営と川下げによる木材輸送

1）金森氏による林業の直営と内需振興による経済的繁栄

　古代に都の造営に深く関わったという特異な歴史をもつ飛騨は、中世から戦国期にかけて地域勢力争いに終始した。戦国末期に豊臣秀吉の命を受けてこの地域を統一した金森長近のもとで、近世以降へと続く地域づくりの基礎が築かれた。金森治世の高山藩内の山林はすべて藩の所有で、藩から請負を任された地元の農民や高山城下の町人が木を伐り出した。藩は請負人にあらかじめ賃金（元伐賃）と米、味噌、塩などの諸費用を渡し、伐採した木材の値段から差し引いて勘定をした。伐り出された木材は、美濃との国境で飛騨への入口にあたる飛騨川沿いの下原（現在の金山町下原）で商人に売り渡されるか、あるいはさらに川を下って木曽川を経由し桑名やその先の熱田まで送られた。下原には飛騨川を下ってくる木材が一時的に留められ、役人が材木改を行う綱場があった。飛騨川にはこうした綱場が10か所近くあったが、一番下流に当たる下麻生の綱場で飛騨川を下る材木がすべて集められ、筏に組んでさらに流された。

飛騨の木材は、すべて飛騨川とその下流の木曽川によって太平洋側へ運び出されたわけではない。地図で飛騨地方を流れる川の向きを確認すると、宮峠や位山などを境にして南へ流れる川と、逆に北に向かって流れる川のあることがわかる。飛騨高山の城下町は、北に向けて流れやがて神通川となって日本海に流入する宮川に沿って形成された。日本海に向かって流れる宮川（神通川）や庄川は、藩内北部の流域で伐り出された木材を送り出すのに利用された。飛騨では中央部の分水嶺を境に日本海側へ流す地域を「北方」、飛騨川、馬瀬川などを使って太平洋側へ流す地域を「南方」と呼んだ（図1）。北方は面積が広く、西側の白山を中心とする庄川流域と、東側の高原山を中心とする高原川流域に分かれていた。中央を流れる宮川は途中で高原川と合流して神通川になる。

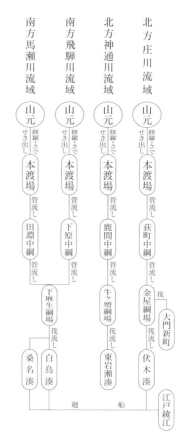

図1　江戸時代における飛騨地方からの木材輸送経路

出典：高山市制五十周年・金森公領国四百年記念行事推進協議会編(1986)：『飛騨金森史』金森公顕彰会をもとに作成。

　高山藩当時、南方では阿多野、小坂、久々野から、北方では白川、小鳥などからそれぞれ川下しで木材が輸送されていた（表1）。樹種は椹、桧、黒部などで、多い年は1年間に椹が12万挺、桧が6千本も運び出された。高山藩から木材の伐採と輸送を請け負った地元商人は矢島茂右衛門、矢島茂兵衛など矢島を名乗る商人が多いが、なかには岐阜、越中、木曽の商人もいた。1692（元禄5）年に飛騨が天

表1　高山藩時代の商人請負による木材生産状況

伐出の場所	年代	西紀	樹種	材種	伐出数量	請負人
白川郷 大白川	同 四年	一六九一	クロベ	カワラ	三,〇〇〇枚	″ 能登屋庄四郎
阿多野	同 ″		サワラ	半小	八,〇〇〇挺	高山 矢嶋善右衛門
白川郷 赤谷	元禄 二年	一六八九～九二			不明	″ 同人
白川郷 尾上郷	貞享 三～四年	一六八六～八七	サワラ	半小	六〇,〇〇〇挺	加賀屋佐七
″	同 四年	一六八四	サワラ	半小	一三,〇〇〇挺	矢嶋茂右衛門
″	天和 三年	一六八三	サワラ	半小	一二,〇〇〇挺	矢嶋茂吉
阿多野	同 六年	一六八一	ヒノキ	角	五,〇〇〇挺	同人
小鷹利郷 保	同 五～六年	一六七七～七八	クロベ	板子	不明	高山 木村市右衛門
小八賀	同 ″		ヒノキ	角	二,〇〇〇板	木曽 木村市右衛門
阿多野	同 四年	一六七六	ヒバ		六,〇〇〇挺	同人
″	″		ヒノキ	半小	五〇〇本	同人
久々野	延宝 二年	一六七四	クロベ	板子	二,〇〇〇本	同人
″	″		サワラ	角	一,五〇〇本	同人
久々野	″		ヒノキ	角	五,〇〇〇挺	小池助作
小坂郷	″		ヒノキ	樽詰	二,〇〇〇枚	矢嶋茂兵衛
白川郷 平瀬	同 一二年	一六七二	サワラ	角	不明	川上善吉
小鳥郷 上小鳥	″		薪		二,三〇〇挺	加賀屋次郎兵衛
″	同 一〇年	一六七〇	クロベ	板子	九,〇〇〇挺	同人
″	″		サワラ	樽詰	三,〇〇〇枚	同人
阿多野	″		ヒノキ	角	一〇,〇〇〇挺	同人
″	同 八年	一六六八	クロベ	樽	七,〇〇〇挺	同人
阿多野	同 五年	一六六五	サワラ	割角	五,〇〇〇本	高山 矢嶋茂兵衛
阿多野 小坂	同 三年	一六六三	ヒノキ	角	七〇〇本	矢嶋茂右衛門
久々野 山ノ口	同 二年	一六六二	サワラ	割角	五〇〇本	白河 又太郎
小坂郷 小坂	寛文 元年	一六六一			不明	″ 同人
白川郷 芦倉	同～万治元	～一六五八			不明	加賀 高橋孫八郎
白川郷 福島	承応 元年				不明	岐阜 同人
白川郷 有家原	承応 元年	一六五二			不明	越中 間崎宗鑑
小坂郷 福島	慶安 四年	一六五一			不明	岐阜 中島両以

出典：高山市制五十周年・金森公領国四百年記念行事推進協議会編（1986）：『飛騨金森史』金森公顕彰会をもとに作成。

領になり、金森氏から幕府に引き継がれた木材資源は年間6万両程度の利益を生んでいたと推測される。金森氏は木材で得た収入を築城や寺社の造営あるいは城下町の整備のためにつぎ込んだ。いわば内需振興策のおかげで高山の御用商人は利益に与り、城下の拡大で集まってきた労働者に生活必需品を供給することでさらに収益を上げた。

再生資源の木材を生かした飛騨高山の林業の歴史と木工家具産業

図2　山方で暮らす杣人の仕事
出典：図説・大原騒動刊行会編（1992）：『図説・大原騒動』郷土出版社をもとに作成。

2）幕府直轄後の林業経営と乱伐後の植林政策

　1692（元禄5）年の天領後、幕府は金森氏の家臣であった山役人を山林の管理技術者として採用した。藩直営から幕府直営へと林業経営の体制が大きく変わることで混乱が生じないように、以前からの専門家集団に業務を任せたのである。ただし木材の取引を実質的に取り仕切ったのは幕府が認めた江戸の商人たちだったので、地元の山人（杣人）は江戸商人が他国から呼び寄せた雇い人と競合する立場に立たされた。賃金は抑えられ、金森時代のような前借も自由にできなくなり、伐採請負の権利も失った。困窮した山人たちはこうした状況に不満を抱き幕府に嘆願した結果、直営方式による木材生産が復活することになった。しかしながら、金森時代のような繁栄を取り戻すことは到底叶わなかった。山人たちがどのような仕事に従事したか、描き残された絵図からその一端を知ることができる（図2）。伐採された木は修羅などの道具を使って移動させ、最初は1本ずつ斜面を下らせながら、本流に

パネルディスカッション ▎ 高山市と中部大学の連携の可能性

表2　亀田、幸田両代官による植林事業

	亀田三郎兵衛によるもの				幸田善太夫によるもの		
	植木場数	村数	苗木本数	苗木樹種	村数	苗木本数	苗木樹種
益田郡	94	100	5,940	檜・椹・杉・黒部	100	13,501	檜・椹・ひば・黒部・杉
大野郡	53	54	4,348	檜・椹・杉・黒部	121	9,962	檜・椹・ひば・黒部・杉
吉城郡	8	8	193	檜・杉・ひば	176	10,543	檜・椹・ひば・黒部・杉
合　計	155	162	10,511		397	34,006	

出典：高橋伸拓（2009）：「飛騨幕領における木材資源の枯渇と植林政策──享保～延享期を中心に」『徳川林政史研究所研究紀要』第43号、p. 63をもとに作成。

着いたら筏に組んで下流へ流す方法がとられた。山人は山場に近いところで働いたため、重労働で危険とは隣り合わせの仕事であった。

　飛騨の山で育った木々の樹齢は250～300年といわれる。金森氏が飛騨国に入府してから天領後の江戸商人による大規模な伐採が終わるまで125年が経過したが、この程度の年月では一人前の樹木には育たない。つまり材木が伐採され始めてから天領体制20年後の享保期までの間に、木材資源の大半は失われたといえる。事態を重く見た幕府は1721（享保6）年に植林令を出した。当時の代官は亀田三脩で、彼は、飛騨国内における公共土木用材が不足し、橋の付替えや井堰の改修に支障をきたすようになったこと、あるいは江戸商人による乱伐で森林資源が尽山化したことから植林令を発した。この命令にしたがい、益田郡の100村、大野郡の54村、吉城郡の8村で桧、椹、杉、黒部などが植えられた（表2）。植林が行われる植木場は各村に1か所あり、それぞれ70～80本の苗木が植えられた。

3）太平洋側、日本海側への木材川下げの仕組み

　天領後、南方すなわち太平洋側に向かう川下げの場合、山から伐り出された木材は小坂川、益田川、馬瀬川を使って川下げされた。小坂川と益田川は合流して飛騨川となり、飛騨川は国境のさらに先で木曽川と合流する。馬瀬川も下呂を通り金山付近で飛騨川に合流する。この間、元山の近くや川沿いに点在する多数の村々が川下げに関わった（図3）。飛騨川を下る木材は木曽川に入り、尾張藩領から木曽川を川下げられた木材と同様、太田、犬山を

再生資源の木材を生かした飛騨高山の林業の歴史と木工家具産業

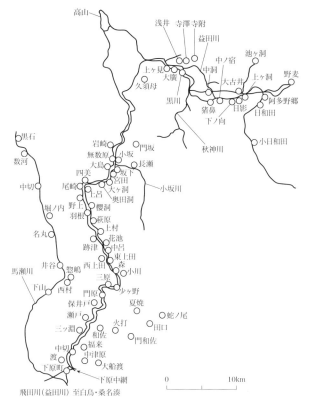

図３　飛騨川流域で木材川下稼ぎに従事していた村（天保14年、1843年）
出典：髙橋伸拓（2009）：「飛騨幕領における御用木の運材と川下稼──南方を中心に」『国文学研究資料館紀要 アーカイブズ研究篇』第５号（通巻第40号）p. 76をもとに作成。

経て河口の桑名に着き、さらに伊勢湾を横切って尾州熱田湊まで運ばれた。これで終わりではなく、東は駿府清水湊や江戸の御材木蔵、西は大坂の川崎御蔵まで運ばれていった。

　北方すなわち日本海に向かって流れる庄川を川下げして木材を運び出す場合は、加賀藩内の金谷に集められ、そこから伏木の湊を経由して各地に送られた。金屋には川下げされた木材を一時的に置く御囲場があり、1621（元和７）年に金屋の御囲場から千保川、小矢部川を利用して石動まで運び、さら

パネルディスカッション ┃ 高山市と中部大学の連携の可能性

に陸路で津幡を経て金沢に運んだという記録も残されている。飛騨が天領になってからは、白川郷で伐り出された木材が庄川を下って金屋に集められ、翌年、伏木湊から日本海と瀬戸内海を通って京都七条まで運ばれたという記録もある。これは1788（寛政3）年に焼失した東本願寺の再建のための木材であった。1840（天保11）年には、高山の商人が江戸城修理用の木材を庄川で川下げしたさい、枝木も木呂（薪用の雑木）として金屋で販売している。庄川、小矢部川の河口に位置する伏木湊と同じような役割を果たしたのが、神通川河口の東岩瀬浜である。宮川、高原川を川下げされた木材は東岩瀬浜から各地に送り出されていった。

　近世を通して、飛騨の山から臨海部の都市へおびただしい量の木材が運び出された。完全な資源移出ではあったが、そのことによって地域に収入がもたらされ、人々の生活が成り立った。ただし、嵩張る丸太の搬出とは別に、一位一刀彫の彫り物や春慶塗の器など運びやすい木工類が地元で生産され各地に送り出された点にも目を向ける必要がある。これもまた人々の暮らしを支える営みであり、とくに祭り行事を彩る飾り物を通して木工技術が伝承された点は注目すべきである。しかしやはり山岳地域の地理的隔絶性はいかんともしがたく、木材資源の移出地としての地位から抜け出ることはできなかった。近代に移行してからは製糸業勃興の動きもあったが、臨海部で進んだ近代工業化からは縁遠い存在であった。

3．近代中期から始まる木工家具の生産と販売

1）低利用ブナ材と曲げ木技法による家具生産

　ブナは日本では北海道南部から九州にかけて広く分布しており、低山の照葉樹林帯と亜高山の針葉樹林帯の中間あたりに林をつくる。日本では木偏に無と書いて橅（ブナ）と読ませる。その理由として、ブナは腐りやすく加工後も狂いやすい性質があるため利用価値がないからだ、という説がある。飛騨の山中でもブナは利用価値の低い樹木としてあまり利用されることがなかった。ところが、このブナに新たに光が当てられるチャンスが訪れた。1920（大正9）年の3月初め、当時の高山町上三之町の味噌店に二人の客が

再生資源の木材を生かした飛騨高山の林業の歴史と木工家具産業

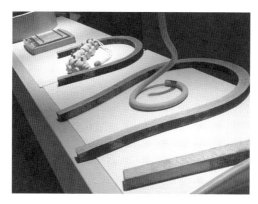

図4　曲げ加工を施された椅子用のブナの部材
出典：飛騨の匠ミュージアムのパネル写真による。

訪れたときのことである。客がブナの木でも加工次第で立派な椅子になるという内容のことを話しているのを奥の帳場で耳にした主人が興味を抱いた。味噌店の主人は知人の製造業者にこの話を伝え、二人でさらに詳しい内容を客から聞くことにした。針葉樹を使って蒸し器や篩などの曲輪をつくっていた製造業者は、繁茂し放題で手に負えないブナの原生林が飛騨の各地にあることを知っていた。このため、味噌店の主人ともども、ブナ材が家具に加工できれば、地元で木工家具産業を興すことができると考えた。ただし、木工家具産業が成り立つためには、原料の木材が手に入りやすく、加工技術をもった職人集団がいなければならない。家具を消費する市場が近くにあれば申し分ないが、これら3つを同時に満たすのは容易ではない。

　飛騨は原料調達と技術集積ではまったく問題はない。味噌店の主人が中心となってブナ材加工の会社を設立することになり、地元有力者12名から出資を仰ぎ、創業加盟証拠金20円をもとに曲木家具製造会社が1920（大正9）年に誕生した。設立発起人の中から選ばれた代表取締専務が新会社を取り仕切ることになった。経営を実質的に担当することになったこの専務は、飛騨春慶で使われていた曲輪の技法を椅子の製造にも応用できないかと考えた。大阪から仕入れた中古の機械や曲木の型、治具をもとに地元の鍛冶屋に南京椅子と腰止椅子の曲型をつくらせた。ヨーロッパでは実を豚に食べさせたり、

樹皮や板に文字を書いたりしていたブナも、日本では見捨てられた存在であった。それが飛騨春慶の曲輪の技術と結びつくことで、家具になる道が見えたのである（図4）。

2）産地間競争を乗り切るための種々の工夫

　木工家具は工業製品の一種であるが、機械製品などとは異なり、その気になれば素人でも部品を組み立てて完成させることができる。また家具は大きなスペースをそれ自体がもっているため輸送が嵩張り、空気を運んでいるともいわれる。当初、飛騨高山から木工家具を消費地に輸送したさい荷崩れを起こした教訓から、組立順序を記した説明書を添え、部品を木箱に箱詰めして発送するように輸送方法が改善された。家具は製品価格の割に輸送コストが高くなりがちな商品である。飛騨高山では、鉄道がいまだ敷かれていなかった時代のことでもあり、箱詰めした家具部品を岐阜まで運ぶのに2泊3日の時間を要した。岐阜からは鉄道で東京や大阪などへ運ばれ、家具小売店の店先で組み立てられ販売された。

　後発組の飛騨高山の木工家具は、先進地の木工家具と競争しなければならない。当初は距離的に近い名古屋周辺の市場をねらったが、この地域では和家具を中心に箪笥、長持ち、鏡台などを扱う箪笥屋がほとんどで、洋家具を扱う販売店は数えるほどしかなかった。そこで飛騨のメーカーは、愛知県の東部から静岡県へと販路を転換した。しかしここでは浜松の曲木家具メーカーの力が強く、入る余地がなかった。天竜川に近い浜松では上流域の森林資源を活かした木工家具の生産が伝統的に行われてきた。世界的生産地となったピアノ生産もその発展形のひとつである。静岡県では現在も全国的に有名な静岡家具が安倍川に近い静岡市周辺で生産されている。

　東に見込みがなければ西に向かうよりほかに手はなく、大垣、彦根、京都、大阪へと販路を求めて移動した。しかしこの方面では奈良、布施、大阪にある有力な木工家具メーカーが市場を握っており、やはり新規に参入するのは困難であった。大阪のメーカーは中国山地から高い輸送コストを支払って原料を調達していた。製品価格に占める原料調達コストの割合の大きさに驚いた高山の業者は、木材資源に恵まれた飛騨で大阪の木工家具と同等かもしく

はそれ以上の品質の家具を製造すれば勝算があると考えた。製品輸送費のハンディは資源調達の安さで相殺でき、さらに品質を高めれば十分市場に食い込めると思われた。

3）高山本線開業にともなう国内外市場の拡大と戦後の発展

1934（昭和9）年の高山本線の開通は、飛騨高山にとって大きなインパクトを与えた。輸送条件が劇的に向上し、中国・朝鮮のほかにアメリカが新たな市場として視野に入るようになった。高山本線開通の翌年に早速アメリカのバイヤーとの間で商談がまとまり、日本からアメリカへ向けて家具輸出が行われるようになった。輸出が本格化した1937（昭和12）年は、1か月当たり1万脚くらいの椅子がアメリカに向けて送り出された（図5）。しかしビジネス的に見ると対米輸出は採算割れで、外貨獲得を目的に国策上やむを得ず続けられた。まもなく貿易相手先のアメリカとの間で戦争が始まったので

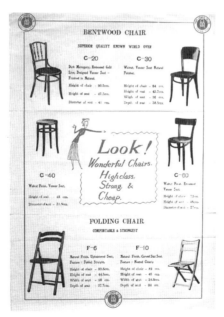

図5　飛騨高山で生産された輸出向け椅子の広告
出典：飛騨の匠ミュージアムのパネル写真による。

パネルディスカッション ┃ 高山市と中部大学の連携の可能性

家具輸出を続けることができず、代わって戦争遂行を後方から援助するため軍需品を製造することになった。企業整理の全国的動きは飛騨高山にも及び、整理統合された企業のもとで木製の落下燃料タンクや弾薬箱などが試作された。

　戦後になり、アメリカ向けの家具生産は再開された。大量注文に産地一丸となって生産に励んだ。これまで下駄やスコップの柄、コタツなどを生産していた木工会社にも家具生産の機械が無償で貸し出され、製造技術の指導も行われた。新たに協力工場になった事業所は、それぞれデザインに特徴のある木工家具を製造するようになった。飛騨高山の木工家具生産をリードしてきた中核企業は、その気になれば、協力企業を下請けにして販売を独占することもできた。しかしそのような方向には向かわず、協力工場が主体的に生産し独自に販売できる体制が維持された。背景として考えられるのは、一部の限られた企業の繁栄よりも、産地全体の発展を優先するという理念の存在である。飛騨高山の有力者（いわゆる旦那衆）が経済的な損得を越えて互いに支え合おうとするこの地方独特な企業風土を垣間見ることができる。

4．社会、経済の変化に対応しながら発展の道を歩んだ木工家具産業

1）生活洋風化による市場の拡大と石油ショック後の消費・生産の変化

　高度経済成長期、洋風の木工家具を購入して家の中に置くスペースも徐々に広がっていった。増加する家具需要に対し、産地は体制を整えて対応しなければならなくなった。ひとつは木工団地や匠団地の建設であり、いまひとつは高山木工会や木工連合会など業界内部における組織の再編や共同化である。木工家具需要の伸びの裏で、これまで大きなウエートを占めてきた輸出は相対的に縮小していった。外需から内需への移行である。欧米風の生活様式が国内で一般化したため、日本人の好みに合った洋風の木工家具が求められるようになった（図6）。しかし豊富な木材資源が国内にあるにもかかわらず、木材輸入が急増するという矛盾状態がいつしか恒常化していった。国産の木材を伐採して加工地まで運ぶより、安価な外国産木材を輸入した方

再生資源の木材を生かした飛騨高山の林業の歴史と木工家具産業

ロクロ工程

塗装工程

組立・補修工程

図6　飛騨高山における木工家具の製造工程
出典：飛騨の匠ミュージアムのパネル写真による。

が経済的に有利という状況が生まれたからである。

　木材だけでなく海外資源に多くを依存する日本経済は、1973（昭和48）年の石油ショックによって、文字通り大きなショックを受けた。飛騨高山からの木工家具輸出は激減の道を辿っていく。1972（昭和47）年の輸出額28億円が、1976（昭和51）年には8,600万円にまで落ち込んだことが、このことをよく示している。以後、飛騨高山から海外へ木工家具が輸出されることはほとんどなくなった。石油ショックによる国内不況は木工家具に対する需要全体を萎えさせたため、輸出減と合わせて木工家具業界は冬の時代を迎えた。飛騨高山ではこれまでテレビキャビネットや暖房器具の木部などを生産していた企業が木工家具の生産に参入するなど、業界内部では競争が厳しくなった。石油ショックは量産方式を見直すきっかけにもなったため、伝統的な技術や

製法を再評価する動きが顕在化した。1975 (昭和50) 年に飛騨春慶と一位一刀彫が国の伝統的工芸品に指定されたのは、そのような時代状況においてである。飛騨の匠の技術に憧れて、クラフト・木工をめざす若手が飛騨高山で新たな活動を始めたのも、同じような文脈からである。

2) 家具不況脱出のためのデザイン、生産技術、販売方法の強化

　1980年代の業界は、家具の多様化、デザイン重視の家具製造、消費地への積極的攻勢によって特徴づけられる。家具の多様化は生活スタイルの多様化に連動しており、家の中に置いて使う家具以外に、最初から部屋に据え付けて使用するコントラクト家具が現れるようになった。こうした動向は、基本的には冷え切った消費者の購買意欲を高めるために企業が生き残りをかけて行った活動である。しかし結果ははかばかしくなく、木工家具産業は構造不況産業のレッテルを貼られるようになった。伸びない需要に対して生産力は温存されたままなので、不況に耐えきれない企業が続出した。飛騨高山でも需要減に対処するため、操業短縮に踏み切る企業が現れた。

　こうした状況から脱出するには、消費者の購買意欲を刺激する画期的な木工家具を製造しなければならない。しかし伝統的な木工家具や標準的デザインの家具をつくり慣れてきた飛騨高山では、克服すべき障壁は高かった。試みられたのは、産地外のデザイナーにデザインを依頼し、それを飛騨高山で生産するパイロットデザイン家具の生産である。外部デザイナーによる家具のデザインは非常に新鮮であり、これは業界に大きな刺激を与えた。デザインには製品化を後押しする力があり、製造技術とデザイン力の結合が決め手となる。都市で暮らす人々がいかなる生活スタイルを志向しており、どのような木工家具を手に入れたいと考えているかを、直に確かめることが重要である。飛騨高山の木工家具業界は1983 (昭和58) 年に東京でデザイン重視の家具展示会を開催した。この展示会をきっかけに、以後、大都市を中心に展示会が開かれるようになった。

　1980年代中頃はプラザ合意を契機に円高傾向が進んで輸出が難しくなったため、木工家具を含め企業は国内需要重視の路線を選択していった。デザイン重視の流れとともに製造現場での機械化や情報化も進展した。デザイ

性の高い家具を精密な方法で製造するには機械の力を借りなければならない。伝統的な手工業生産を見直す動きもあるが、より多くの消費者に確かな機能性と洒落たデザインを兼ね備えた家具を提供するには、CADなどコンピュータの能力に依存せざるを得ない。市場開拓のためこれまで大都市で開催されてきた展示会が、1989（平成元）年からは地元・飛騨高山で開催されることになった。消費地のバイヤーや消費者が自ら飛騨高山を訪れるということは、それだけネームバリューが高まったことを意味する。

3）バブル経済の崩壊、経済グローバル化で変わる市場への対応

　円高に対応して内需向け生産を増やしていった先にはバブル経済の崩壊が待ち受けていた。その後の長期不況から立ち直るための道のりは険しく、追い打ちをかけるように新興国から安価な家具が大量に市場に流れ込んできた。しかし価格競争に巻き込まれたら生き延びる道はない。高コストな日本の家具製造業が活路のひとつと見なすようになったのが、海外の富裕層をターゲットとした日本スタイルの家具の輸出である。ヨーロッパで勝負するには、日本企業にしかできない商品に挑むしかない。世紀も新しくなり、世界中の家具がインターネットで簡単に比較検討できる環境が生まれた。消費者の購買意欲を掻き立てるには、よほど訴求力のある商品でないと太刀打ちできない。

　こうした時代の流れを敏感に受け止めた産地では、さまざまな試みが行われるようになった。岐阜県の産業観光推進の動きとタイアップし、歴史観光都市・高山のイメージを絡ませながら家具づくりと販売を手がける動きはそのひとつである。「飛騨デザイン憲章」を制定し、飛騨高山で製造されたことを訴えるブランド戦略も試みられた。東濃の陶磁器、美濃の和紙、岐阜の織物と飛騨高山の木工家具を統一的なブランドとして海外に発信する動きもある。まさに考えられるあらゆることが戦略的に練り上げられ、試みられる時代になったという感じがする。しかしその根本に現代生活のさまざまなシーンで使用される木工家具として機能的、デザイン的に優れた特性をもっていることがあるのは言うまでもない。

5．森林資源に恵まれ、林業、木工家具産業で生き抜いてきた歴史

　この地方で育つ木々の樹齢は平均で250〜300年といわれる。1本の樹木が一人前に育つまでの時間と比べると、その近くで生活する人々の暮らしぶりの変化周期がいかに短いことか。戦国末期から江戸時代初期にかけては、金森氏による地元重視の堅実な林業経営があった。しかしそのあまりに豊かな森林資源ゆえに、江戸幕府は飛騨の山林全体を所有し管理することに乗り出し、状況は大きく変わった。木材の伐採や運搬を請け負う江戸商人というしヽわば外来勢力の流入により、飛騨高山の人々は新たな局面に立たされていった。木材が家屋や橋や道具類など生活のあらゆる場面で必要不可欠であった時代、森林資源に恵まれていることは、今日以上の意味があったと考

図7　飛騨高山における椅子生産の歴史
出典：飛騨の匠ミュージアムのパネル写真による。

えられる。

　原料供給地は、需要地の動静とそこまでの輸送手段の変化を強く受ける。これはいつの時代も同じで、古くは古代律令制の時代、木材の遠距離輸送が困難であった頃は、木材加工に長けた人間が匠として遠い都の造営に駆り出された。重力の法則に従って流れ下る河川を利用して木材が遠隔地まで運ばれるようになると、川沿いの集落が山仕事や農業のかたわら木材輸送に携わるようになった。流水量の安定した時期しか川下げできなかったことを考えると、高山本線の開通はまさに輸送手段を劇的に変えたといえる。

　しかし、消費地に近い他の強豪産地との市場競争に加わった飛騨高山の位置的条件は、けっして恵まれたものではなかった。後発産地として輸出に力を入れたり、変わりゆく社会や経済の変化に対応したりという近代以降の歴史は、飛騨高山が森林資源の単なる供給地ではなく、長い歴史と文化に裏打ちされた木工家具の生産地として世界に知られていく歴史であった（図7）。当地の木工家具産業は、国内外から多くの観光客を引きつける歴史観光産業とともに、飛騨高山の経済を支える大きな柱である。重厚さと高質性を誇る飛騨の木工家具は、長い歴史を通して培われてきた匠の技術と地域風土を背景に、内外の市場に向けてこれからも生産されていくであろう。

引用文献

高山市制五十周年・金森公領国四百年記念行事推進協議会編（1986）『飛騨金森史』金
　　森公顕彰会

図説・大原騒動刊行会編（1992）『図説・大原騒動』郷土出版社

高橋伸拓（2008）「飛騨幕領における木材資源の枯渇と植林政策——亨保～延享期を中
　　心に」『徳川林政史研究所研究紀要』第43号　63頁

高橋伸拓（2009）「飛騨幕領における御用木の運材と川下稼——南方を中心に」『国文学
　　研究資料館紀要　アーカイブズ研究篇』第5号（通巻第40号）　76頁

地理システム（GIS）をもちいた
防災の取り組み

福井弘道

　私からは地理情報システム（GIS）を使った防災への取り組みについてご紹介させていただきます。現在は、大きなパラダイムシフトが起こりつつあると考えられています。例えばわが国の第5期科学技術基本計画では、Society 5.0という概念を紹介しています。まず、これについて少し触れ、具体的にGISで見た高山や、現在高山市と取り組んでいるドローンを使った災害関連協力について紹介し、今後の課題を展望したいと思います。

はじめに　中部高等学術研究所国際 GIS センター

　中部高等学術研究所について簡単に御紹介します。中高研は文理融合を旨としてつくられた大学直属の研究所でありまして、今回のシンポジウムを主催している国際ESDセンターと国際GISセンターがあり、最近三番目となる、持続発展・スマートシティ国際研究センターが付置されました。2011年に開設した国際GISセンターは、その後、2014年には文部科学省から全国の共同利用・共同研究拠点として認定され、デジタルアースを推進する拠点となっております。デジタルアースは、地域や地球の現状を知り、その将来を考える道具です。デジタルな地球をサイバースペース上に構築、それをコミュニケーションのプラットフォームにしようというわけです。

　共同利用・共同研究拠点では、まずデジタルアースをつくるためにどんな技術が必要か、あるいはどんなデータを集めるべきかを考え、その後、具体的に防災や環境といった分野に使っていこうとしております。私たちはフェーズⅠ、フェーズⅡと呼んでおりますが、山下前学長がおっしゃったよ

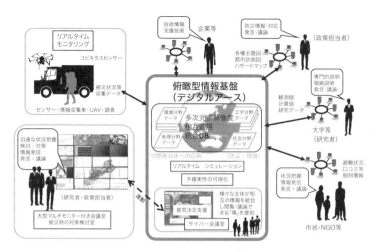

図1　デジタルアースによる「知の統合」

うな設計科学の領域で、デジタルアースを使ってこれから地域の将来をどうしていくかを考えていこうとしております（図1）。

共同利用機関ですので、ぜひ一度大学にお越しいただきたいのですが、設備としては、15画面からなる240インチほどの大きなマルチ画面や、ドローンや、三次元で地理情報を収集する車などがあります。全国から約100人の共同研究者が研究をスタートしておりまして、現在認定から5年目を迎えています。デジタルアースを活用して知識を俯瞰し、統合していくことが、主な研究内容です。例えば防災については、具体的にリアルタイムのデータを集め、時々刻々と変化していく情報からどう意思決定していくか、というような問題を考えています。

Society 5.0

Society 5.0は、サイバー空間（仮想空間）とフィジカル空間（現実空間）とを融合させたシステムによって、経済発展と社会的課題を両立する人間中心の社会のことです。狩猟中心の世界がSociety 1.0、農耕が起こって2.0、17世紀後半から産業革命によって起こった産業社会が3.0、そして、近年のい

パネルディスカッション ｜ 高山市と中部大学の連携の可能性

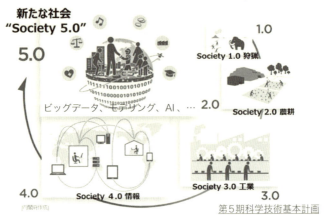

図2　Society 5.0

ろいろな情報が大量に提供され利用される情報社会が4.0と進んできたけれども、単に情報が提供されるだけでなく、それをさらに現実の世界と融合させ、IoTやビッグデータを使ったりモデリングをしたり、AI、ロボットによって新たな社会をつくっていこうとするのがSociety 5.0の考え方です（図2）。デジタルアースはそのプラットフォームになると考えています。

GISで見る高山

　それではまず、GISで高山市の現状を見てみましょう。最近では国土地理院がとてもオープンになりまして、非常によい地理情報ブラウザを開発しています。これはだれでも使うことができて、例えば高山市の現在の土地利用を見ることができます。昔の土地利用データもありますので、例えば1970年代も見ることができます。これらを比べると、今日話題になっている森林資源を取り上げれば、1970年代にはまだ結構はげ山がたくさんありましたが、現在ではほぼ完全に緑に覆われていることが分かります。
　また、高山の中心部から1kmごとにサークルを引いて、距離帯ごとにど

のように変容してきたのかを時系列分析することも可能です。道路網を重ねてみるとか、いろいろな開発計画を重ねてみるとか、地域全体を俯瞰するといったことも容易です。市町村合併によって全国一の市域になった高山市の全域を把握するためには、GISのような情報システムが不可欠なことは、皆さんも実感されているのではないかと思います。

　さらには、土地の起伏など三次元のデータも簡単に表示することができます（図3）。地理院地図では、ボタン一つでこれを3Dプリンターに出力し、樹脂で地形モデル・ジオラマとしてつくり出すこともできます。映像だけでなく、いろいろな統計データを可視化し、合併に伴ってそれぞれの地域で人口がどう推移したかといったことを見てみることもできます。もう少し町丁目で細かく見ると、これは高山市の中心部ですが、2000年から2015年にかけて中心部で人口が減ってきていることなども気づきます（図4）。実際の高山市の人口規模、増減率、人口ピラミッドなどを見てみますと、20代が外へ出ていくということで、やはりこの世代人口が非常に少なくなっています。将来予測において、人口推計は最も確度の高いデータですから、まずはこれを前提にして地域づくりを考える必要があります。

　このように、GISを将来計画や街づくりに活用することは重要です。東大

図3　高山市の三次元表示

パネルディスカッション｜高山市と中部大学の連携の可能性

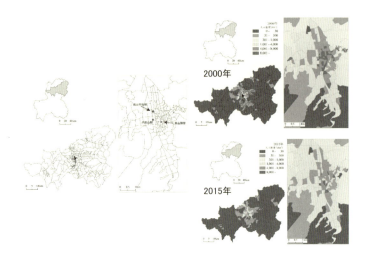

図4

　の関本研究室ではMy City Forecastというツールを開発されています。これによれば、高山市全域の人口は現在8.9万人ですが、このままの状態で推移すれば、2030年には7.7万人と推計されています（図5）。世代ごとの人口構成や、行政コスト、緑地、多様な施設へのアクセスなどを一覧することが可能です。この地図には、病院の分布が表示されています。例えば、将来人口分布に対応する適正な病院配置を考えるために、簡単に施設配置をシミュレーションすることも可能です。

　また、行政の方などはよく使われているかと思いますが、地方創生の様々な取り組みを情報面から支援するために、経済産業省と内閣官房（まち・ひと・しごと創生本部事務局）が提供している、地域経済分析システム（RESAS：リーサス）にも、GISによる地図情報表示機能があります。産業構造や人口動態、人の流れなどの官民のビッグデータが集約されていて、それを分かり易く可視化できるシステムです。携帯電話の位置情報をベースにした推計によって、例えば、外国人が一体どこを多く訪れるのかという外国人の滞在、流動のヒートマップもできています。中部地方で推進している昇龍道（愛知・岐阜・富山・石川県を北上する観光ルート）に沿ってどれぐら

地理システム (GIS) をもちいた防災の取り組み

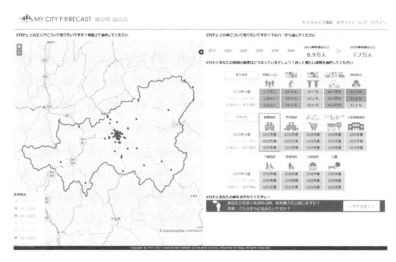

図5

い人がどのよう流動しているかといったこともわかります。

　日本社会は大きく劇的な変容をしております。言ってみれば近年、100年かけて増えた人口が、これから100年かけて減っていくというような状況です。それに伴って、地域構造も大きく変容することが予想されます。これは増田元岩手県知事たちがよく発表している内容ですが、人口急減社会が来るだろうと言われています。私たちは GIS を使って災害が発生したとき孤立する集落が中部圏でどれぐらいの規模になるのかといったこともマッピングしています。このような人口の変化は土地利用も大きく変容させます。これは2050年までにだれも住んでいない土地がどれぐらい広がるかを全国で可視化したものですが、空き家、放置された土地、耕作放棄地など、多くの民有地も問題になってまいります。

　以上、GIS を使えば、比較的簡単に全体像が把握できるということを実感していただけたかと思います。

パネルディスカッション｜高山市と中部大学の連携の可能性

空の産業革命　ドローン

　次に、最新のテクノロジーを使って災害関連協力としてはどんなことができるのかを少し紹介します。

　ドローンは空の産業革命と言われています。最近こういうドローンも出てきています。自分が歩いている後ろからついてきて傘を差してくれます。この傘を3万円ぐらいでドローンつきで発売するというベンチャーが出てきました。AIを使い、自分の体につけたマークをカメラが捉えることによって、ずっと追尾して動くというものです（図6）。

　これは最近トランプ大統領が米朝会談をおこなったシンガポールにあります有名なホテルの写真ですが、右側にハートマークが見えるかと思います。実はこれは1,000台のドローンでつくられています。1,000台を一気に制御してコントロールするという技術が出てきているわけです。上海ではさらに1,200〜1,300台でおこなわれました。このように、現在ではドローンが空の広告塔としても使われています。

図6

アサヒパワーサービス（栃木県小山市、鈴木健治社長）は、手で持たない日傘「free Parasol（フリーパラソル）」の試作機を開発した。飛行ロボット（ドローン）にシートを装着した"ドローン傘"で日差しを遮る。価格は3万円程度を予定し、2019年中にも商用化する。将来は雨傘として使えるよう、モーター部に防水加工などを施す方針だ。（日刊工業新聞、ニュースイッチ）

ドローンで撮影した画像から、簡単に三次元のデータを構築したり、非常に精度の高い地図が作成できます。ドローンはどんどん価格も安く操作が簡単になり、だれでも使えるようになってきていますから、自分が撮った空撮画像を簡単に三次元の地図にして管理するということが可能になってきているわけです。

　さて、これからドローンはどうなるのか。山下前学長が変態とは自動車が飛行機に自律的に変わるようなものだと先ほどおっしゃいましたが、もう既にそういう時代が来ています。これはドローンですが、皆さん御存じのように、ドバイで空飛ぶタクシーが運用されようとしております。左側の写真はドイツの電気で動く空飛ぶタクシーです（図7）。時速300kmまで出まして、バッテリーは約1時間もちますから、1時間で300kmほど動くことができます。さらに右側の写真は「空飛ぶマダム」ということでWeb上でも見られますが、現在2,400万円ほどで売られようとしております。5〜10年たてば価格が低下して、いよいよだれもが三次元の空間を自由に動くような移動する時代になるかもしれません。そうすると、道路のようなインフラでなく、全く違ったインフラが出てくることと思います。現在は、このように実にいろいろなタイプのドローンが現れています。

ニューヨーク州、経済活性化取り組みの一環で「ドローン・コリドー」設置

時速300キロの空飛ぶタクシー「Lilium Jet」

図7　有人小型飛行機、ドローンタクシー

パネルディスカッション ｜ 高山市と中部大学の連携の可能性

　私たちは、こういったドローンを使い、高山市で起きた水害に対して、被害がどうであったのかを空撮し三次元化表示をしたり、高山市には火山がありますので、京大の防災研と一緒に実際の焼岳の活動状況をドローンでリアルタイムに捉えたりしております。この焼岳観測はいろいろなルートで試行していて、例えば鍋平の防災ヘリポートからのルートがこれですが、航空法の関係で対地150m以上は制限されているので、山肌を縫うような形で高度を途中で稼ぎながら航行、撮影して帰還します。また固定翼ではユニークな着陸を検討し、このようにフィッシュネットで捕まえております。

　これは実際の焼岳の写真です（図8）。このときちょうど訓練で京都大学の研究所の方と地元自治体、住民の方が焼岳の頂上に登っておられまして、その様子が映っておりますし、2017年8月9日の小噴気の噴気孔を、見事に捉えています。このようなドローンによる災害時の被災状況などをリアルタイムに捉える技術や写真測量技術が、機体コントロール技術や解析技術と相まって、実用化に至っています。

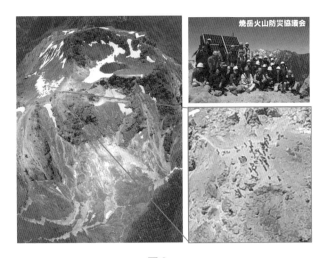

図8

SDGs、気候変動への適応、自然資本検地

最後に、こういった技術をうまく使って、これからの激動する時代に、この高山市でどんなプロジェクトが考えられるのか。私は、気候変動への適応や、独自のレジリエンスをどのように考えていくかといったプロジェクトに取り組んではどうかと考えています。

地球はだんだん限界に近づきつつあるということがいろいろな点から指摘されています。そのエビデンスも相当確かになってきました。世界では災害が多発・激甚化しております。2015年、国連総会において、国際社会はこういった問題の解決に対して一定の合意形成をし、SDGs（持続可能な開発目標）を設定して取り組むことになりました。ここでは17の目標を掲げておりますが、例えば防災は11番目のレジリエントな都市といった部分に主に関係します（図9）。

これは2000年から2100年にかけて災害外力と社会の防災力がどうなっていくかという図（図10）ですが、地球の温暖化の影響によって災害外力は

図9

パネルディスカッション ┃ 高山市と中部大学の連携の可能性

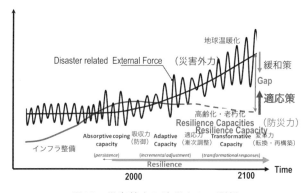

図10　災害外力と防災力との関係

　右肩上がりに大きくなっていく一方で、これまでインフラ整備などをしてきた私たちの社会の力は、少子高齢化、老朽化といったことでどんどん右肩下がりになっております。ギャップが増えていくわけです。このギャップをどう考えるのかが今後重要になってまいります。
　まさに、気候変動への適応をそろそろ真剣に考えなければならない時代になりました。図はその適応策を、何を守るべきか（エンドポイント）を縦軸に、どのレベルの災害外力かを横軸に、適応策の整理を試みたものです（図11）。エンドポイントには、人間の命を守る、生活の質を守る、歴史・文化を守る、という3段階が考えられます。それぞれは、ゼロリスクが可能なことなのか、受容可能な範囲で対応すべきことなのか、受容不可能なことなのかという災害外力の3つのレベルに応じて検討しています。そしてもしリスクが受容不可能ならば、社会の**変態**、変革をどう誘導していくのかということが重要になります。
　私たちは、まず自然の容量、リスク吸収力の把握が必要と考えます。高山は自然資本が非常に豊かな場所です。その実態を明らかにするために、計量の単位として自然の基盤的な枠組み、例えば流域生態系の視点からこの高山市という環境を考えてはどうかと考えております（図12）。そして、吸収できなければ、災害外力という自然の力を「いなす」知恵、あるいは独自のレジリエンスが必要になると考え、それを皆さんと一緒に考えたいと思います。

地理システム（GIS）をもちいた防災の取り組み

適応策のタイプ（Endpoint）と災害外力に対応したレジリエンス	リスクレベル1 ゼロリスク可能 吸収力（防御）	リスクレベル2 受容可能な範囲 適応力（漸次調整）	リスクレベル3 受容不可能 変革力（転換）
タイプ1 人間の命を守る	これまでの対策の組み合わせ	ハードウェアだけでなくソフトウェアの効果的な運用により、いなす	居住地移転など
タイプ2 生活の質（健康・QOL）や財産・産業を守る	気候変動の影響を避ける、早期警報システムなど	一定の被害を受け入れるヒューマンウェア（補償・共済）を整備する、復旧を容易にする	土地利用全体の再構築など
タイプ3 歴史・文化を守る	保護・継承ができる程度の気候変動	保護・継承が一部でできなくなる影響を緩和する	ライフスタイルの転換、制度設計など

図11　デジタルアースで拓く気候変動適応学

図12

パネルディスカッション ｜ 高山市と中部大学の連携の可能性

- 自然の力、生態系サービスの限界（環境容量）を知る
- その範囲で自然を制御し、生態系サービスを最大化、持続性を担保する。

図13　自然の力を「いなす」知恵、独自のレジリエンス

　具体的には、現在高山市が持っている自然資本、生態系サービスの限界を知り、まずその範囲でできるだけ自然とうまく折り合って生態系サービスを最大化し、持続させていくことを目指します。防災を例にすると、武田信玄は、信玄堤を造り、洪水をいなす形の堤防を考えました（図13）。加藤清正も、火山灰の土地で火山灰が堆積しない水路をどう造るかという課題に対し、水路に立て板をつけ、その下部に丸い穴を開け、うまく火山灰をいなすということを考えました。高山にもいろいろな歴史がありますから、このような知恵を発掘、あるいは新たに考案しようというわけです。

　日本の美しい自然景観のすべてを備えたこの高山市で、先ほど林先生からお話がありましたように、これまで高山の人々は歴史的にいろいろな自然とのつき合い方をされてきたわけです。自然とせめぎ合いながら正しく知り、それを畏れる、あるいは働きかけるといったことが重要です。歴史的な掘り起しとともに、さらに最新の技術、GIS、ICTで自然を読むことに取り組んではどうでしょうか。そこで、ぜひ市民参加で新たな検地をしてみてはどうかと思います。これは、山の土地区画といった所有権・登記のこれまでの検地のみならず、自然資本を計量するという検地が必要になります。

　そして、自然の力、生態系サービス、緑の効用・利用を知り、このグリー

■ グローバルコモンズへのパラダイムシフト
◆ 足を知る「吾唯足知」、人間は地球の居候

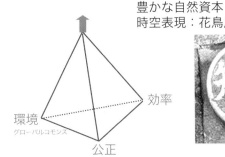
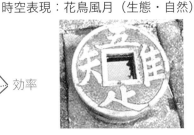

図14　人類は地球の居候

ンインフラストラクチャーを活用する、すなわち自然を取り込むデザインを考えてはどうでしょうか。例えばドイツでも、山間で自然をうまく使った再生エネルギーの供給がおこなわれています。お隣の長野県にある同じ名前の高山村でも、持続可能な気候・エネルギー行動計画をつくって取り組んでいます。

　ヒトが昆虫のように４億年生きることは不可能だと私は思いますが、人間も地球の居候であることは間違いなく、その視点にたってどう地球と付き合い、利用するか、この機会を通じて皆さんと議論できればと考えています（図14）。

耕作放棄田から考える

森山昭彦

1．耕作放棄田の増加とお米の需要

　通勤途中に視界に入ってくる耕作放棄田、休耕田に、何とかならないものかと考えていました。農水省の統計によると、農地面積は、ピークであった昭和36年度に比べるとおよそ3/4に減少しています。原因のおよそ半分が耕作放棄と見積もられており、少子高齢化で後継者不足のためとよく言われます。本当にそうなのでしょうか。少子高齢化は日本全体の問題であり、農家に限ったことではありません。では、なぜ農業に若者が参加してこないのでしょうか。私の勤める中部大学で、学生に農業に就く可能性をきいたところ、「やってもよいが儲かるなら」という回答がもっとも多かったそうです。日本の標準的農家では、1反（1,000m²）からお米が8俵（1俵＝60kg）くらい収穫できます。1俵の価格が1万5千円として、1反で12万円、1ha（10,000m²）で120万円の売上です。数年前の統計では稲作農家全体の8割が経営面積2ha未満、平成28年度のお米の専業農家農業粗収入は、平均265万円です。農家で後継者がなかなか現れないのは当然のことでしょう。農水省では、農地中間管理機構を作り農地の集約化をはかったり、集落営農の組織化・法人化支援、認定農業者制度、農業経営の法人化、新規就農者支援制度を設けるなど、様々な対策をしています。

　さて、見方を変えて、お米を需要と供給の関係からみてみましょう。昔は1年間に1人でお米2俵を消費していたのですが、最近は、1俵を切っております。食料自給率の低い日本ですが、お米に限っては、以前からずっとほぼ自給自足であったといってよいでしょう。ですから政府は消費の減少に合わせてずっと減反政策を続けてきたわけで、使わない水田が出てくるのは当

たり前ということになります。このようにお米を受給バランスの観点から考えますと、水田は減少してもよいということになります。

2．水田の生態系サービス

　しかし、水田は、単に稲作に利用されるだけでなく、ほかにもいろいろなことに役立っています。これらの水田の役割を水田の生態系サービスと言います。例えば、日本の水田の4割は中山間地域にありますが、その有効貯水量はダム全洪水調節容量を上回っており、森林とともに下流地域の洪水防止に大きく役立っています（洪水防止機能）。極端な話、山間部の水田がどんどんなくなっていくと洪水が起こりやすくなるということです。他方、都会周辺では水田による平均気温低下効果は1.3℃と試算されています（ヒートアイランド防止機能）。水田がなくなれば、クーラー使用による電力消費が増加するでしょう。また、全国の水田によって、酸性雨や喘息、光化学スモッグのもとになる大気汚染物質の二酸化硫黄（SO_2）が年間25,000t、二酸化窒素（NO_2）が35,000tほど吸収されているとの試算があります。つまり、水田は大気浄化に大きく貢献しているのです（大気浄化機能）。水田にはそのほかにも機能があります。景観としての価値の認められている棚田に対しては、文化的景観として保護する制度が設けられています。国際的な湿地保全条約「ラムサール条約」では、水田やそれにかかわる水環境を、保全すべき重要な水環境の一つとして定義しています。日本では、これらの水田・水路は、最も生物多様性の高い自然環境の1つであり、多くの日本固有種を含む、5,668種もの野生生物が確認されています。興味深いのは、水田の地下水供給機能です。水田は水をためているのですが、実は粘土のすき間から水が漏れており、その漏れた水が地下水の供給に役立っており、熊本市では、地下水のおよそ90％が水田からの漏水と言われています。耕作放棄田、休耕田が増えることによる地下水の減少が憂慮されており、地下水確保のために、水を張っている水田に補助金が支払われている地域もあります。お米を生産する以外のことで水田にお金が支払われる珍しい例ですが、このように今までお金に換算されてこなかった水田の機能に対価を支払うシステムが作られ

パネルディスカッション｜高山市と中部大学の連携の可能性

るのであれば、開ける道もあるのではないでしょうか。

3．中部大学応用生物学部実験農場の開設と農業体験による環境教育

　さて、中部大学応用生物学部では近くの休耕田をお借りして実験農場を創り（図1）、無農薬、有機栽培を原則とした稲作をはじめました。個人的には、休耕田の復活の手法を探っているのですが、ここではそのことについては触れません。環境教育プログラムの一つとして、学生は、座学で、米にまつわる様々な問題についても勉強しました。そして、田植え（図2）と除草を行い、稲作が労働集約型産業であることを身を以て体験しました。また、稲の苗や水田の泥の感触を実体験し、アメリカザリガニやヌマガエルも見ました。水田の自然や米への関心は確かに深まった様で、一部の学生ですが、稲の生

図1　応用生物学部の実験農場とその関係者
2018年6月（前列左から：武井史郎、堀部貴紀、宗宮弘明、福田雅夫、髙木秀明、後列：森山昭彦、長谷川浩一）

育状況調査やビオトープ製作の可能性を探るなど、自発的な活動も始まっています。これは、大学教育での一コマですが、環境教育の特徴は、総合的、体験型、生涯教育ということだと思います。

「総合的」というのは、環境問題の解決のためには様々な学問が関係しているという事です。法的整備が必要であったり、生物の多様性の問題ということで生物学的な調査が必要であったり、データ処理に統計学が必要であったり、河川を改修すべきなら工学の知識が必要になったりと、全体を理解するためには、多分野にまたがる広範な知識が必要です。しかし、全ての学問を深く理解

図2　無農薬、有機肥料の実験水田での田植え
2018年6月（農業高出身学生が中心的な役割をした）

することはできないので、実際には、例えば私ですと、生物学・農学的な立ち位置から環境問題を考えていくことになります。大学では一つの専門性を深めるというのが従来の考え方で、こうして育った人間をI型人間、スペシャリストと言ってきました。ところが、環境問題の理解にはどうしても幅広い知識が必要であり、自分の専門を持ちつつジェネラリストである人間（このような人間をT型人間と呼びます）を育てる事が求められるわけです。

　2つ目の特徴である「体験型」というのは、環境教育では、体験を通して感性を養うことが大切だということです。「三つ子の魂百まで」と言われる様に幼い時の体験が重要なのですが、残念な事に、幼児から社会人に至るまで、いまの日本人の多くは自然体験が不足していると思います。

　3つ目の特徴である「生涯教育」というのは、年齢に応じて、環境問題への関わり方が異なってくるため、一生を通して年齢相応の環境教育、学習があるということです。感性を養う事に始まり、体系的知識を身につけ、自ら

考えて行動し社会に働きかけるには、適した年齢というものがあります。また、私たちは、持続可能な社会の実現に向けて、日々工夫しながら実践していかなければなりません。日本における環境教育を眺めてみると、平成19年には学校教育法が改正され、環境教育は教育目標の一つとして明記され、小中高の現場では、発達段階に応じていろいろな試みがなされています。また、社会人に対しては、文科省の生涯学習制作局が社会教育における環境教育を推進しています。

　さて、小中高生と社会人の間に位置する大学生に対する環境教育はどうなっているでしょうか。必要性は認識されていても、効果的な学習プログラムはそれほど充実してはいないと、私は感じています。一般社会人も含めてですが、大学生に対しては、座学を組み合わせた環境体験学習が効果的なのではないでしょうか。中部大学での講義で、環境学習ツアーについてアンケート調査したところ、林業体験ツアーや、農業体験と自然探索を組み合わせたツアーに人気がありました。体験型であること、それも単なるお客様としてではなく、もう少し現場に近い、仕事に近いところでの体験に学生たちの関心が高いようです。

4．高山市での「体験的環境教育プログラム」の可能性

　ここで高山市を考えてみますと、北アルプスの国立公園地帯など豊かな自然に恵まれており、環境教育にうってつけのフィールドがあります。また、これを活用した「ふるさと体験　飛騨高山」など、さまざまな体験ツアーもあります。こういう魅力的な体験ツアー、グリーンツーリズムを環境教育の視点から組み直せば、環境体験プログラムとしても魅力的なものを作ることができるのではないでしょうか。「環境教育の視点から」というのは、例えば自然散策路ツアーでは、動植物の同定の仕方の基本やライチョウやニホンカモシカなどの希少種や絶滅危惧種の問題などについて、事前学習の機会を作ることなどです。稲刈り、田植え体験を例にとりますと、このお話の前半に記したような日本の耕作放棄地の問題、水田の多機能性などの話題に加えて、稲作における農作業の一年、作物としての稲のことなどを座学で取り上

げます。この様な環境学習プログラムをいくつか組み合わせてパッケージと
するのがよいかもしれません。農業体験についてさらに付け加えますと、上
げ膳下げ膳のお客としてのグリーンツーリズムからもう一歩踏み込んで、参
加者が農業をしたという実感が持てるところまで、農作業を充実させること
だと思います。これは、体験ツアーというよりも農業ボランティアと言った
ほうがよいかもしれません。このようなプログラムに多数の学生が魅力を感
じるとは思いませんが、農業に関心を持ちながらもどうしてよいかわからな
いという学生も一定数いるので、体験者の中から農業に目覚める学生が現れ
ることを期待します。これらのプログラムは、その質を高める事はもちろん
重要ですが、その存在をいかにして潜在的顧客（大学関係者や大学生）に知っ
てもらうかも大切だと思います。以上、高山市にある体験プログラムを大学
の環境教育に活用する可能性について述べてきました。しかし、本来的には、
住民自身が環境に優しい循環型社会の実現に向けて努力し、実践実現してい
く事が大切なのではないでしょうか。実践していなければ、それを教育して
も、共感を得るのは難しいでしょう。高山市が全市をあげてサステイナブル
な都市になれば、市内のそこここで環境教育が実践できます。また、そのこ
とを観光の目玉にすることも可能でしょう。

5．高山市の将来と「体験的環境教育プログラム」

　1万年前にはわずか100万人にすぎなかったと言われる世界の人口は、
2018年には76億人を超え、このまま推移すれば、2050年には91億人に達す
るといわれています。地球上に住める人間の数には上限があり、環境問題や
食糧問題を避けては通れません。世界的にみれば、地球温暖化による気候変
動、土地の劣化と砂漠化、水ストレス、肥料であるリン酸の枯渇などの理由
により、食料生産性は、今後、急激に低下するとみられています。地球のキャ
パシティに上限があることから、右肩上がりの資本主義が成り立たなくなる
事は明らかであり、最近はドーナツ経済学（ケイト・ラワース著『ドーナツ
経済学が世界を救う』河出書房新社、参照）という言葉も耳にします。経済
成長に頼らずに繁栄する、循環的な経済をつくるにはどうすればいいのかと

パネルディスカッション ┃ 高山市と中部大学の連携の可能性

いうことに私たちは知恵を集める必要があるのでしょう。2050年というのは、近未来を考える上での具体的な目標時期であると私は考えています。まだまだ先の様ですが、すぐにやってきます。子どもたちに豊かな社会を受け渡すには、私たちは、今、何をなすべきなのでしょうか。すでに待った無しのタイミングだと思います。高山市は森林に恵まれています。これを活用して低炭素社会、自然共生社会の実現を目指すとともに、人が生活する地域では歴史的景観を保全しつつ、循環社会を実現するライフスタイルを実践できれば素晴らしいと思います。そして持続可能な社会の実現に向かっての努力の一つとして、体験的環境教育プログラムがあるのではないでしょうか。

討論及び質疑応答の要旨

討論者：

■ **森瀬一幸**〈中部大学客員教授、元高山市教育長〉

■ **田中　明**〈高山市企画部長〉

■ 話題提供者 4 名

進行 ■ **竹島喜芳**〈中部大学国際 GIS センター・准教授〉

閉会挨拶 ■ **宗宮弘明**〈中部大学国際 ESD センター長、学長顧問〉

　　　　■ **西倉良介**〈高山市副市長〉

総合司会 ■ **太田明徳**〈中部大学高山委員会委員長、中部大学副学長〉

パネル討論

竹島 パネルディスカッションの司会をいたします、中部大学中部高等学術研究所の竹島です。よろしくお願いします。それでは、これから討論に入っていくわけですが、討論を進めるに当たりまして、まず中部大学と高山市の両方をよく御存じの森瀬先生から、高山市の立場から、連携への思いやコメントを伺いたいと思います。中部大学側のお話はさせていただきましたので、今度は別の視点から連携への可能性を探っていきたいと考えております。

では、森瀬先生、よろしくお願いします。

森瀬 御指名を賜りました森瀬です。

今日は中部大学から、前学長、現学長、副学長を初め、本当にそうそうたるメンバーにおいでいただきました。こんなに大挙して連携を進める大学を私は知りません。特に山下前学長からは、4億年も繁栄してきた昆虫とわれわれ20万年にしかならないホモサピエンスを比較し、もっと先を見て大学連携をしなければならないと、お聞きしました。その発想は、じつにすごいと思いました。

いくつか言葉が耳に残っておりますが、まず「人生とは学ぶことである」とおっしゃいました。大学の学長が言われると、また違った意味が出てくるように思います。そして、景観は10年、風景は100年、風土は1,000年必要であるから、そういう単位で物を考えなければならないし、やがて国家を越えた世界的な都市連合が生まれるであろうとおっしゃいました。山下先生は私が本当に尊敬している方ですので、言われることが一々もっともだと思いました。私もいささか先生に近い考え方を持っておりまして、教育に携わる者として、高山市の実力を再確認し、コペルニクス的転換でもって知的基盤社会を構築せねばならないということは強く思っております。いつになるのかは言っておみえになりませんでしたが、そこへ向かって大学連携を進めていかなければいけないということで、私はいたく感動いたしました。

4人の先生方も、本当に専門的な内容で、すごいなと思いました。竹島先生は森林政策の問題点を指摘され、林先生は飛騨高山をあれだけお調べになりました。私も本をちょっと読ませていただきましたが、いわゆる高山市の郷土史というのは編年指標的です。ところが、それを項目別に整理されていて、それだけでも高山人の発想を変える指摘をされたように思います。福井先生のお話は、地域の情報力とコミュニティレベルの防災力の向上というのは当然のことながら、ああいう資料を使って説明されるとかえす言葉が見つからず、本当にすばらしいと思いました。森山先生のT型人間のお話もすごい発想で、I型でもT型でもない私は何なのかなと思いました。

　私は高山市の教育長を10年ほど務め、その前にも岐阜県教育委員会の飛騨教育事務所を中心に10年ほどおりました。教育長をやめてから10年ほどたちますが、この間、大学との連携をずっと見てきましたし、かかわってもきました。ただ、すぐれた大学の先生や学生が来られても、高山のよさを言ったり問題点を指摘したりして去っていき、また次の人が来るという形です。非常に厳しい言葉で言わせていただくと、国際的な大学から日本的な大学からいろいろな方がおみえになっても、しょせんはつまみ食いで、いいところだけつまんでいかれるわけです。それが大学連携の実態であったし、今もそれは続いていると思います。では、そこに住む者はどうなのか。そう考えたときに、今までと違った大学連携の姿を提案されている中部大学には、敬意を表したいと思っています。

　私は、一番大事なのは、瞬間的に1回や2回ということでなく、継続することだと思っています。継続できるかできないかが大きいと思うのです。例えば、応用生物学部食品栄養科学科の小川教授が高山市によくみえます。この方は毎年学生を連れてこられますので、一番なじみが深いのですね。朝日小学校で2年と、今年(2018)も西小学校で学生が授業をしました。やることは稚拙です。自分が家を離れて大学へ来たら家庭で両親がどれだけ努力していたのかがわかったということを子どもたちに伝えるという授業です。私から見れば、なぜあれほど品のいい稚拙なことで授業ができるのだろうと思うのですが、子どもたちには受けております。これは一体何な

パネルディスカッション｜高山市と中部大学の連携の可能性

のか。その1時間のために2回も3回も来て打ち合わせをするところがまたすごい。

それから、企業見学と町の見学をしておられます。平成28年(2016)には28名、去年は8名でしたが、主に商工課と農務課の課長に御尽力賜りつつ、トマト農家や駄菓子の製造企業を見て回り、いいところや問題などを指摘してくれています。これが単年度なら私もそれほど評価しないのですが、続けてみえるというのがすばらしい。私は続けるということが大学連携の中で最も大事なことだと思うのですね。今年(2018)の企業見学の第一弾は21名で、丹生川のトマト農家を見学し、私が高山の歴史を話し、高山の町めぐりをします。第二弾は90名で、ホテルを中心に、地域活性化リーダー、地域創成メディエーターという資格をとるために、リスクや食品について勉強します。食品栄養科学科の110名が9月に訪れることになっておりまして、継続していただいているのが大変すごいことだと思います。どんなにすばらしい先生が来ても、継続がなかったら意味がありません。

また、今日は中部大学の国際ESDセンターの所長もおみえですが、昨年度から高山市の小中学校では持続可能な地域を育てる教育ということでユネスコスクールの申請をしております。31校のうち20校が認可されました。朝日中学校には昨年日本のユネスコ協会の副会長が来られたそうです。自然にかかわる活動を初め、ひとり住まいの方の家へ行ってお話をしてくるとか、地域貢献活動として地域の人と一緒に雑草刈りをするとか、そういった福祉活動も実際にESD活動としてなされております。これも継続しないと意味がありません。今日は市長、副市長もおみえになりますが、ぜひ継続をお願いしてください。それから、継続化と同時に重要なもう一点は拠点化です。要するに、町の中に中部大学の活動拠点ができないかということです。どういう形でつくるのかはまた御検討いただけるといいと思いますが、ぜひそういうこともお願いしたいと思います。

平成12年(2000)にノーベル化学賞をもらった白川英樹さんが高山に来て下さいました。この方は、高山の人と言われると、「私は高山ではありません。東京生まれです」と怒られるそうです。確かに東京のお生まれで、

お父さんは軍医であり、満州などにも行ってみえるのですが、お母さんが高山の方だったので戦時中は高山に住み、やがてお父さんが復員されて白川医院という病院を開かれたので、白川さんも、小学校3年生のときに高山の南小学校へ入られてから、松倉中学校で3年間、高山高校で3年間を過ごされました。私の1級先輩です。

そこで、平成12年にノーベル賞をもらわれたとき、すぐに市からお祝いを持っていきました。平成13年に何とか高山市で講演をしてくださるようお願いしたのですが、頑として聞き入れられませんでした。次に教育委員会に回ってきたので、私が平成14年にアタックしました。家に電話をしてみると、奥さんは北海道の方で、なかなか厳しかった。しかし、中学3年生にぜひ白川先生のお話を聞かせたいと言ったら、承知してくださいました。早速御挨拶にあがりますと言ったら、来なくていい、電話で結構ということでしたが、いずれにせよ、とうとう来ていただけることになりました。

それが実現したのは平成14年(2002)8月4日のことでした。前の晩は泊まられるのですから、みんなでレセプションをしたいと言ったのですが、受け入れられませんでした。8月4日の午後から講演でしたので、昼食だけ御一緒したのですが、メンバーは限られていました。白川御夫妻のほかに高山市から参加できたのは3人でした。一人は土野守高山前市長、もう一人は住吉人高山市議会議長、もう一人が高山市教育長の私でした。ところが、参加したほかの2人は亡くなってしまわれたので、もう私しかそのことを知っておりません。昼食は角正で食べましたが、この昼食のとき白川英樹氏が言われたことを皆さんにお伝えしたいと思います。

何を言われたのかというと、「飛騨高山は江戸時代に天領であったため、一貫した藩の政策がなく、藩学などがつくられずに、その後、人材が育たなかったと言われますが、本当ですか」と、だから今の貧困な高山があるのかといったことを言われたのですね。市長は何と答えたのかといいますと、市長の答えはさすがでして、「そういうことは教育長が答えます」と(笑)。私が歴史をやっておることを市長も知っていたわけです。それで私が何と答えたのかといいますと、確かにそういう面はありますと申しまし

75

た。

　大名の金森氏が106年間、6代にわたって高山を治めてきましたが、元禄時代になってから175年間は25人の代官と郡代で政治をしていました。この25人は連続しておらず、短い人では1年でしたし、そのうち5人ほどは、家来だけよこし、自分は一度も江戸から高山へ来ませんでした。ですから、確かに一貫した政策などなかったのであって、そのために高山はおくれたのかもしれません。

　藩学ができたのも明治維新後の1868年でした。これはどのぐらいおくれていたのかといいますと、岐阜県で一番初めに藩として学校をつくったのは岩村藩で、元禄時代のことでした。私は岐阜大学でしたから知っているのですが、確かに岩村の人は違います。岩村の同級生はさすがと思う人が多かった。歴史的にも下田歌子（1854–1936）や佐藤一斎（1772–1859）などすごい人が出ております。名古屋藩でもそのころできましたが、私たちの近所ですと、松本藩には1750年ぐらいに藩学ができました。上田市も飯山市もそうですが、私たち高山は、単純に言えば、藩学の政策だけでも100～150年のおくれをとっております。これを本当に真剣に受けとめなければいけないと思います。

　人材といっても、有名な大学へ行くなどということは、私にとってはどうでもいいことです。山下先生も、学ぶ、きわめるという姿勢の漂う高山市の都市像をこれから考えなければいけないということをおっしゃられたのだと思います。50年後100年後の都市像を見据えて高山がどんな手を打つのかを考えていかないと負けるわけです。人口が減るとかいう問題ではない。そこで育った人材とその裾野の景色が高山の将来を決め、これからの持続可能な社会の礎になるのだと思います。そういう意味でも、中部大学と高山市との連携を、継続化と拠点化をキーワードに、長いスパンで捉えていかないといけないと考えます。

　確かに現実の問題を解決していくことも大事ですが、高山の人たちは高山の都市像を共通して持っていないので、そこをどう生み出すのか。今日は副市長もおみえですから、こんな生意気なことを言ってはいけないのですが、向かうべき都市像がなければ、やはりできることはないわけです。

今日の山下先生と4人の話題提供者の方のお話を生かしながら高山市の将来像を考えていくことが大事なのではないかと思います。

　長々とお話ししましたが、長々と聞いておりましたので、半分地元を代表して長くしゃべらないといけないと思ってお話をいたしました。よろしくお願いいたします。ありがとうございました。(拍手)

竹島　中部大学との連携において、一番大きな個別のテーマとして、この連携の中で高山の都市像を議論していくということを始めようという御提案がありました。また、すべてのことを継続しなければ意味がないし、継続していく過程で高山に中部大学の拠点ができればということで、中部大学と高山市という二つの立場をよく御存じの森瀬先生からコメントをいただいたと理解いたしました。ありがとうございました。

　続きまして、今度は高山市の立場から御意見をいただきたいと思います。田中部長、よろしくお願いします。

田中　私、今日は高山市の企画部で大学連携を担当しております関係で登壇させていただいております。ここまでお話しいただきました先生方とは立場が全く違いますし、皆さんも行政職員なんてどうせ当たりさわりなく心に残らない話をするのだろうと思っていらっしゃると思うので、なるべくその期待に沿えるような話をしたいと思います(笑)。よろしくお願いいたします。

　あるとき私は、尊敬する上司から、市の職員の役目とはどういうものかという話をされました。それは市民の福祉の向上であって、それ以上でも以下でもないとのことでした。上司が何を言いたかったのかと考えますと、市民の方々が生きがいを持って充実した日々を過ごしていけるよう、それを第一に考えよということだったのではないかと私は思っています。

　これを実現するためにはいろいろな課題があります。中でも、冒頭に竹島先生が高山市では第8次総合計画が動いているとおっしゃいましたが、今ちょうどその後期の見直しをする段階に来ておりまして、第8次総合計画を策定したときにはなかった課題が出てきているわけです。例えば、AIやIoT、急激な少子高齢化による人手不足、人材確保、人材育成といったことは、当時はそれほど議論されておりませんでした。では、この激動の

パネルディスカッション｜高山市と中部大学の連携の可能性

中で行政はどうしたらいいのか。今ここにいる仲間や議員の皆さん、もちろん先生方もいらっしゃいますので、みんなで知恵を絞ってこれから取り組んでいかなければいけないと感じております。

今日は4人の先生方からさまざまな分野の課題につながるお話をいただきましたが、それぞれの課題に対するソリューションを見つけるための一つの大きなアカデミックな活動として、「高山学」というものを中部大学さんと高山市とでつくっていこうということなのだろうと私は理解しました。当初「高山学」と聞いたときには、高山のことを学ぼうということなのかなといった軽い気持ちでいたのですが、そういうものではないのですね。高山市が抱える個別の課題を一緒につなげていき、一つの普遍性を持つアカデミックな学問として確立させたものが、恐らく今日御提案になった「高山学」なのだろうと思いました。

林先生がおっしゃいましたように、高山には、これまでの歴史に裏打ちされたいろいろな文化や風習があります。先ほど御紹介がありましたので今さら私が一つ一つ申し上げるつもりはありませんが、そういったさまざまな文化のうち高山に圧倒的に欠けているのが若者の文化かと思います。若者が興味を持つもの、ひきつけられるものとしての若者文化もありますが、私は、若者を通してのアカデミックな文化というのが高山には圧倒的に不足していると思っています。ですから、ただ単に地域の課題を地域の方々と一緒に考えて解決するという方法もあるのでしょうが、それを学問として科学的な分析なり見地でもって解決していこうということで、これまでもやってきていただいてはおりますが、今日は、さらにこれから未来に向かって踏み出す大きな一歩になったのかなと考えています。

冒頭に山下先生から昆虫の「変態」という言葉を通じていろいろな問題を投げかけていただきましたが、空間を移動するためのものという根本は変えずに自動車から自律的に飛行機になるようなことが変態（革新）であるとのことでした。今日いらっしゃっている議員さんも市の職員も先生方も市民の方も、変態（革新）議員さん、変態（革新）職員、変態（革新）先生、変態（革新）市民になろうというような風潮ができればと思います。私自身はまだ自分で変態するということがちょっと想像できないのですが、住民

の福祉の向上のためにという一つの柱を持って、時には痛みを伴うかもしれませんし、気分が悪くなるかもしれませんが、どれだけ自分の DNA まで変えていけるのか、そういったことがこれだけ変動の激しい社会の中で高山市が生きていくには必要なのだろうと実感しております。高山学を通じてそれを体現していきたいと考えております。

　　以上です。（拍手）

竹島　ありがとうございました。非常に未来を感じる御発言をいただけたと思います。総合計画を策定したときには想像できなかったことが起こってきている中で、そういった日々の課題を解決しながら結びつけていき、新しい学問の体系として一緒に見出していくといったことが連携としてよいのではないかというお話でした。

　　では、ここで山下先生から一言コメントをいただきたいと思います。

山下　皆さんからいただいた質問に一つ一つ答えることはできそうにないので、大きく申し上げたいと思います。

　　まず、どういう町にするのかは、他人から答えをもらうようなことではありません。ですから、それをみんなの共通の目的にして、やはり自分たちの町のことは自分たちで考えていきましょう。それから、私は昆虫の「変態」ということを言いましたが、変態が起こるのは体重がある重さになったときです。自分の都合のいいときにするのではありません。ですから、自分は現在どういう状態なのかを、まず間違いのないように判断すること。間違えて判断しますと、変態できなくなって一巻の終わりです。自分たちが今どういうところにいるのかをうそ偽りなく正確に知るということがないと、進歩・発展はありえないと思います。これが私の言いたかったことでして、別に「変態」という言葉にこだわっていただく必要はありません。現在自分たちがどこにいるのか、だからどういう方向に行くのかをみんなで考えましょうということです。答えはまだありません。答えはそれをやっていく中からしか出てこないというのが私の見方です。

竹島　ありがとうございました。いろいろ明確になってまいりました。

　　では、次にパネラーの方々から、具体的にどういう連携の仕方があるのか、アクションにつながるようなものがありそうかどうかといった点につ

いてコメントをいただければと思います。いただいた質問それぞれに答えたいところですが、時計はあと25分しかありません。すごい数の質問ですが、各先生方から具体的な連携のあり方についてコメントをいただいた後、時間の許す限りでお答えしていきたいと考えております。

林　今日のシンポジウムでは、連携ということと同時に、持続可能性も話題になっておりました。ですから、私のプレゼンも、前半で連携について、後半で持続可能性についてお話しする予定でした。

　　まず、連携の姿としまして、私たち文系からは、高山市がどういう都市像をつくっていけばいいのかという点で、過去を振り返りながらこれからのことを考えていけるよう、歴史や文化を押さえるといったアカデミックな部分で連携していきたいと考えております。

　　それから、後半で持続可能性に触れたかったのですが、時間がなくてお話しできませんでしたので、ここで少しだけ触れておきたいと思います。

　　近代で高山が時代におくれてしまったことは、はっきりわかっております。それまでは森林資源を外部に出すことでかなり収益があったのですが、その後は、太平洋側で起こった工業化に対して、陸路の交通が不便であったことが最大の理由かと思います。そうは言いながらも、大正のころからは木材加工が起こり、今日に至っております。これからの高山のことを考えますと、やはり資源が重要になるだろうと思われます。これは単に自然資源だけでなく、観光資源もあります。大きくは観光、木材加工、食品加工の三つがあるのだろうと私は考えております。実際に高山の産業構造を見ますと、この三つが地域を支えているベーシック産業であり、外からお金を持ってくる産業であるわけです。

　　昔、この地域は貧しく、特に食料の面では自給すらできておりませんでした。ところが、最近では飛騨牛やらいろいろな加工品ができておりまして、飛騨から外へ出てお金を稼いでおります。しかも、単に食品だけでなく、農業体験という自然環境との触れ合いもできることを考えますと、精神的な面も大きいと思うのです。農業を膨らませ、そういう資源としても考えることができます。

　　もう一つ、高山は歴史的な観光都市ですが、ほかと違うのは、3,000メー

トル級のアルプスもあることです。こんなに自然豊かで、かつ歴史もあるというところはなかなかありません。ここがあまり触れられていないというか、多くの観光客はほとんど町中だけで、高山祭などをちょっと見て帰ってしまいます。これは残念なことです。大きなグラウンドの中にある凝縮された旧城下町であるということを総合的に考えてほしいと思います。

　最後に、今日私にいただいた質問です。すごい量で、私はこれほど多くの質問があるとは思っておりませんでした。さすが、高山の方は意識が高いなと思った次第です。

　地元でヒアリングをしていますと、高山の方々は外部から企業が入ってくるのをあまりよしとしないという話を伺うことがあります。というのも、外部の企業が入ってくると、どうしてもその企業の就業ルールに合わせなければならず、高山人は独自のライフスタイルを持っているので、あまり外的なものを入れたがらないというわけです。もしそれが本当なら、保守的という面はあるものの、逆に、そういうものを維持していることが日本全国でも珍しいといいますか、そういった高山人精神に魅力を感じて多くの方が高山へ来られるのではないかという気がしております。

　以上です。

竹島　高山の将来を考えるとき、農業、3,000メートル級の山々、商習慣といったところも、まだまだ貴重な資源として使えるのではないかといった御提案でした。

　ほかにいかがでしょうか。

福井　私はプレゼンの中で GIS や IoT といった現代の技術をうまく使って検地のようなものをということを言いましたが、高山市で今どれだけ耕作放棄地があり、放棄された森林があるのかといったことを初め、生態系サービスがどういう状態であるのかを市民参加で調査していくような仕組みがつくれないかと考えています。この地域では特にユネスコスクールが盛んとのことですので、それぞれの地域にある学校を中心にしながらまずは自然をよく知っていくと、そのエビデンスをベースに、これからどういう価値観でどういう利用をしていくのかを議論できるのではないかと思います。境界確定のための検地もありますが、歴史的なこと、どういう知恵が

あるのかといったことも含めて、まずは現況の高山そのものを知ることが重要と考えます。

竹島 福井先生からの具体的な御提案として、生態系サービスなどがどうなっているのかを市民参加で情報収集し、これからの高山を考える一つのきっかけにしたらどうかというお話でした。ありがとうございました。

森山 私のところへ来た御質問は、大きく分けて二つありました。

一つは、耕作放棄田を一体どうすればいいのかということに関する御質問が多くありました。

これについては、もしいい回答があるなら既に実行されているはずで、それがないから世の中あげて悩んでいるわけですね。よって、私からこうすればよいという見通しはないのですが、例えば農水省ですと、農業を大規模化しなければいけないということで、農地をできるだけ1人に寄せ、中間管理という形にして1人が耕作する面積を増やそうとか、第6次産業化することによって農家の収入を増やそうとか、輸出を頑張ろうとか、米について言えば、新しい消費を増やす必要があるので米粉パンのような商品開発をしようとか、そういったことをおこなっております。

第6次産業化については、高山市にも成功しているおもしろい例がいくつかあるものの、農水省が統計をとってみますと、第6次産業化にチャレンジをして5年後に黒字を出しているところは20％ほどしかないようです。農水省の方に伺うと、最初はよくても撤退しているところもあるということで、やはりいろいろ苦労しているということでした。

もう一つは、環境の体験プログラムを高山でおこなうことに関係して、現実味があるかどうかといった御質問がいくつかありました。

これは、実際にやっていこうとすると、クリアすべき問題がいくつかあると思います。既に高山にはいろいろ魅力的なツアーがありますが、私が学生と話をしていて感じることとして、一つは、宣伝の仕方によって随分変わるところがあるのではないかということがあります。それから、観光ツアーでなく環境問題を考えるツアーですので、そういう意味で視点を変え、組み合わせを変えてみる必要もあります。また、やはり環境の問題についてきちっと解説できる人がくっついた形でないと、環境問題を考える

ツアーにはならないのではないかと感じます。

とりあえずいただいた質問に対する回答としてはそのような感じです。

竹島 いただいた質問に対する回答を求めてはいなかったのですが、今のお話から読み取れることとして、高山市と中部大学でエコツアーを企画していくことが、連携のあり方の一つになるのではないかという御提案だったかと思います。

森山 ちょっと済みません。「エコツアー」というと上質の自然を体験するほうに偏りますので、私は「環境問題を考えるツアー」と言っております。そうすると、もっと広く、例えばごみ処理場を見学することまで含めたようなものになるのではないかと思います。

竹島 環境教育は先ほど森瀬先生からありました人材が出ないと意味がないというお話にも通ずることですので、高山市と中部大学との一つの連携として具体的なものになりうると思います。ありがとうございました。

さて、今アンケートの集計がまいりましたので、少し御紹介いたします。

質問によって有効回答数が違うのですが、まず、中部大学との連携に期待しているかという質問に対しては、49名の方から御回答をいただきました。このうち最も多かった属性としては、高山市の職員の方が22名、一般市民の方が15名となっております。

結果を見てみますと、「大いに期待」が55%、「少し期待」が45%でした。いずれにしても期待を持ってくださっております。これを高山市の職員の方と一般市民の方で別々に見てみますと、少し傾向が違っておりまして、一般市民の方は「大いに期待」が45%、「少し期待」が55%でした。このことから、高山市の職員の方々に私たち中部大学が期待することとして、市役所の方の業務は市民サービスの向上のためにあると思いますので、ぜひ連携をPRしていただいて、市民の方からいろいろな要望をあげていただけるような道を切り開いていただくといいのかなと思いました。

続きまして、社会の変革の時期にあると感じるかという質問に関しては、高山市の職員の方も一般市民の方も「大いに感じる」あるいは「どちらかというと感じる」と答えておられます。ただ、ここでも傾向が少し違いました。高山市の職員は、「大いに感じる」が60%、「どちらかというと感

じる」が40％でした。この数字だけ聞きますと、われわれの意識と一緒かなと思うのですが、一般市民の方がどう考えているのかを見ると大きく違っておりまして、「大いに感じる」が80％、「どちらかというと感じる」が20％でした。市民の方のほうこそ、今変わらなければいけないと大いに感じておられるということでした。私たち中部大学と高山市との連携は、こういったことを踏まえておこなっていかなければいけないと考えます。

　今日は、高山市と中部大学の立場の違いや思惑を相互に理解し、これから具体的なテーマに踏み込んでいくきっかけにするということでしたが、それについては、アンケートを拝見していましても、うまく動きそうな予感がしております。私が勝手にまとめるわけではありませんが、連携のきっかけづくりは今日の会でできたものと思っております。皆さんにも御同意いただけますでしょうか。（拍手）

　ありがとうございます。

　では、残りの時間でその他の質問に答えることにします。

林　大学の機能というのは、社会よりも少し前を行くというか、一歩先を見ることであると私は思うのですね。例えば岐阜県なら、先ほど森瀬先生が岩村藩について言われ、実は私の先祖は岩村藩の武士なのですが、その岩村も、明智の大正村も、古くは妻籠・馬籠も、いろいろな地域がそれぞれのパワーで歴史観光をつくってきました。特に妻籠の場合には地元の方が大変頑張ったわけです。大正村も地元の方が頑張られました。そういう視点から総体的に高山を見てみたらどうか。高山の観光もいいのですが、いろいろなところの観光、広くは「世界の観光」ということで、国際観光大学院といったものを考えるぐらいの夢を持っていただきたいと思います。

　それから、特に高山の職員の方は、ぜひとも中部大学の大学院へ来ていただいて、そこで世界を学んで帰っていただきたいと思っております。

福井　私へは調べて何をするのかという質問が多かったのですが、高山市の現状を考えてみますと、一つには、電力などのエネルギー関係で域外にお金がすごく流出しております。ですから、これは一部もうおこなわれていることですが、まずエネルギーに関して、この地域で回るような仕組みができないだろうかと考えております。ESDセンターでもいろいろ取り組

んでおりますので、それをぜひ一緒にやれればと思います。

　それから、今回の大阪の地震でも言われていることですが、情報を公開していくことによって、どのぐらい自分のこととしてリスクを感じられるのかが一番重要です。どのようにわかりやすい情報にしていくのかということです。

　また、市域が広いので、モビリティをどのように活用し、地域の中で交流していくのかということも重要だと思います。中部大学には多くのリソースがありますので、いろいろなことをぜひ一緒にやっていければと思っております。

森山　もう私から言うことはあまりないのですが、何かを目指していくとするなら、「サステナブル」という言葉をキーワードに、例えば電力の話でも、バイオマスや小水力発電などによるサステナブルな社会の実現を目標にいろいろな工夫をしていけば、非常に自然豊かな高山ですから、とても過ごしやすい、いい未来が開けるのではないかと思います。

竹島　では、森瀬先生からもお願いします。

森瀬　私は合併した平成17年(2005)に高根村阿多野郷の分校を訪れたのですが、下駄箱の上に一つの詩が乗っておりました。今は支所で大事にしてもらっているのですが、「秋」という小学校3年生の子の詩を見つけたのです。「ソバもヒエもおえました　のりくらさんにゆきがふる」とありました。ソバとヒエしかできないのですね。米はできません。「乗鞍山」という山はなく、あるのは「乗鞍岳」なのですが、その子どもは恐らく「乗鞍」に敬称の「さん」をつけたのでしょう。あの失われた「ソバとヒエ」の景色を、私たちはもっと大事にしなければいけません。

　先ほど林さんが乗鞍のことを言われ、私も本当にうれしかったのですが、観光といっても、高山には本当に観光の実力があるのか、やはりそれも検証しなければいけません。昭和8年(1933)に来日し昭和11年に去っていったドイツの建築家のブルーノ・タウトは、当時高山のことをぼろくそに言っております。何の文化もなく、あるのは陣屋の屋根ぐらいであると。そのときブルーノ・タウトが褒めた白川村の合掌造りは、その後、世界遺産になっております。このことを私たちは目をつぶらずに見て、高山に本

パネルディスカッション ┃ 高山市と中部大学の連携の可能性

　当に根づく文化を目指しながら次の世代へとバトンタッチしていかなければならないのではないか。

　　高山市と中部大学との継続した連携を、ぜひお願いしたいと思います。

田中　先ほどのアンケートの結果で市の職員と市民の方の認識にずれがあることを目の当たりにしまして、今いろいろと複雑な思いを感じております。

　　私たちの役割としては、森瀬先生が言われました継続化と拠点化ということを踏まえつつ、私たちにどういうことができるのかを考え、具体的に進めていく必要があると思っております。いろいろな地域の課題に対して対症療法的に政策を打ち出さなければいけないこともあるでしょうし、もっと長いスパンで構造的なことを考えていかなければいけない部分もあるでしょう。それらをうまくリンクさせながら、中部大学さんと一緒に拠点をつくり、継続的に進めていけたらと思っております。

竹島　ありがとうございます。

　　話は尽きないところですが、終わりの時間を迎えました。登壇者の皆様、ありがとうございました。(拍手)

　　これをきっかけに、以後、また具体的なことについて詰めていきたいと思います。

　　では、マイクを総合司会の太田先生にお返しします。よろしくお願いします。

閉会挨拶

太田 皆さん、長い間お疲れさまでした。

　最後に、このESDシンポジウムを主導してこられた中部大学国際ESDセンター所長の宗宮先生から御挨拶をいただきたいと思います。よろしくお願いします。

宗宮 皆さん、今日はお昼から今まで本当に真剣に聞いてくださり、ありがとうございました。今日の会を開くためには、いろいろな人が打ち合わせをし、大変な準備をしてくださいました。それにも感謝しております。

　今日一つだけ覚えてお帰りいただきたいのは「SD」という言葉です。「SD」とは「Sustainable Development」の略で、「持続可能な開発」というと本当に開発の訳で良いのかという議論がありますので、私は「持続可能な展開」と訳しています。この問題を高山市も今後絶対に考えていかなければいけなくなると思うのです。「ESD」の「E」は「Education」で、SDのための教育です。最近は「ESD」でなく「SDGs」になっておりますが、この「Gs」は「Goals」の省略で、SDのための目標ということです。ですから、とにかく「SD」を頭の中に入れておいてくださったらいいと思います。今後のわれわれの社会の行方はその「持続可能性」のあり方にあります。つまり、資源は有限なので次の世代が生き残れるような社会を展開していく必要があります。次の世代のことを考えながら生きてゆこうというのが「SD」の基礎にあります。

　まさに今、今日ここにおいでになっている方全員に、持続可能性の問題が自分のこととして突きつけられております。高山市もそうですし、実は中部大学もそうです。少子高齢化と気候変動はすぐそこに迫っています。私は応用生物学部の学部長を3年しておりましたが、持続可能な応用生物学部をつくるためにどうしたらいいのか、ずっと考えておりました。そして、そこにいる総勢50人のスタッフを元気づけ、入ってきた学生を人間として成長させて世の中へ送り出すことこそが大事なのだという結論に至りました。

87

今日ここへ来る前も、11時半から教育委員会の方々と話をしてきたのですが、高山が今後伸びるためには、やはり教育をきちんとし、子どもたちをかわいがって伸ばし、その子たちが次の高山市を育て、引き上げていくことが基本であると思うということを私は申しました。観光にものすごく力を入れるというのも一つの手ですが、もっとベーシック（基本的）なところで高山の子どもたちの知恵をどう伸ばしていくのか。

　例えば、森山先生には田んぼを使って農業体験をやってもらっています。田んぼの中へ子どもたちを突っ込んで、食べ物はいかに育ってくるのかというベーシック（基本的）なところを教えるわけです。単にコンビニへ行っておにぎりを買って食べるだけでなく、それをつくるためにわれわれの祖先がどういう努力をしてきたのかを知った上で食べるということが大切です。そういうことの蓄積の中にしかSD「持続可能な展開」はないのではないかと私は思っています。

　そのためには、いろいろな分野を総合することが大切です。今日は専門家が話をしましたが、例えば私が自分の専門とする魚の神経系の話だけをしてもそれを総合の中で意味付けない限り意味がないのです。高山市も、今後伸びようと思ったら、いろいろな分野を総合しながら子どもたちを育ててまた、自分たちも伸びていかないといけません。そういうところにしか伸びていく着実なチャンスはないのだろうと思います。今日は教員の方もたくさんおいでになっていますが、中部大学でも、例えば、高山学をどうしたらいいかというときに、うちの修士を採用してくれたら絶対に伸びますよというような、そういう学生・大学院生を育てたいと考えています。

　どこの組織も、どこの会社も、どこのグループも、今本当に過渡期・転換期・変態期に来ていると思います。今日のような場でなるべくコミュニケーションを深め、皆さんとの交流を通しながら住みやすい新しい持続可能な高山市をつくっていくことが重要だと私は思っています。この会がその引き金になればと思っています。ありがとうございました。（拍手）

太田　この会を閉じるに際しまして、高山市副市長の西倉様からも一言お願いしたいと思います。

西倉　皆さん、こんにちは。先ほど来、最初から最後まで聞かせていただい

閉会挨拶

たのですが、森瀬先生から名前を出していただきましたので、最後に一言、お礼だけ申し上げたいと思い、この場をつくっていただきました。

石原学長、山下前学長初め、中部大学の先生方、今日は高山でシンポジウムを開催いただき、本当にありがとうございました。また、山下先生には、去年からずっとお願いしておりました昆虫のお話をお聞かせいただき、本当に楽しかったです。ありがとうございました。今日は長丁場のシンポジウムでしたが、「大学連携」、「持続可能な地域」、「高山学」といったいくつかのキーワードがありました。そのそれぞれについて、皆様方のいろいろな思いをいただきました。

連携を前提としたとき、大学の思惑と高山地域の思惑にどのような違いがあり、それをどう認識し合えるのかというお話を最初に聞かせていただいて、私ははっとしました。私たちとしては、高山をフィールドワークしてもらってかかわっていただき、地域が元気になればありがたいですし、高山は日本一広い市域であり、強みもあれば弱みもある、いろいろな可能性のある町ですので、そうした場を提供することによって大学も何らかの恩恵に浴していただけるのではないかと思っておりましたが、今後、将来に向けて、さらなる連携についてお互いに考えさせていただければありがたいと思います。

また、今日は、多くの市民の皆さん、職員の皆さんに御参加いただきました。今日お越しいただいた方々は、本当に高山を愛していただき、高山人であることを自負していただいている方たちばかりだと思います。この高山が今後どのような町になっていくのか、そして、望ましい町になるよう自分たちはどのように動いていくのか、これからも皆さんとともに考えていきたいと思いますし、高山の町づくりについて考えていくことこそが高山学なのかなと改めて認識しております。

高山学については、それぞれの皆様方の得意分野、それぞれの範疇がありますので、いろいろな分野があっていいと思います。それぞれの思いを皆で共有しながら、高山の町づくりを一緒に続けてまいりたいと思います。それが森瀬さんのおっしゃった継続であろうと思いますし、お互いを知るためには、やはりそばにいなければいけませんから、ぜひ高山の広い地域

89

の中に拠点を設けていただきたいと思っております。私どもも、中部大学さんに足しげく通い、そのようなつながりを一層強めていきたいと思います。

　今日は最後の最後まで御清聴いただき、本当にありがとうございました。改めて大学の皆様に感謝を申し上げ、お礼の挨拶とさせていただきます。これからもどうぞよろしくお願いいたします。ありがとうございました。（拍手）

太田　西倉様、どうもありがとうございました。

　皆様、大変長い時間、本当に御苦労さまでした。この会の設営等に当たっていただきました高山市の職員の皆様にも厚くお礼申し上げたいと思います。

　では、今日は以上で終了といたします。どうもありがとうございました。（拍手）

編者あとがき

1）高山市と中部大学の連携に期待すること

　高山市はこのブックレットの中で論じられていますように、さまざまな意味でたいへん特異な内陸都市です。地理的に必ずしも近接していない中部大学が、どのようにそのような特色ある高山市と関わっていくかについて、中部大学なりに考えて来た結果が、本書に述べられています。

　近年、大学は多くの地方自治体から、地域活性化の切り札のように期待されるようです。しかし、その期待は概ね青年層が地域に増えることにあって、大学の持つ専門知識とその教育にあるようにはあまり見受けられず、仮にあったとしても、自治体の求めに応じて施策の理由づけや権威づけに使われることが多い様に思われます。一方で、本学のような地方に立地する私立大学は、自身の生き残りのためにも地域の発展に貢献しよう、あるいは地域と関わりを持とうとしています。しかし、自治体との間に相互的で、明確な目的を共有する関係を築けなければ、お互いに不満な結果となるでしょう。

　私は高山市と中部大学との関係が互いに有益な関係になることを願っています。ブックレットに示された今回のシンポジウムはその重要な過程と位置づけられると思います。また、高山市とのおつきあいから学んだことが今後の中部大学の教育のあり方に反映されることを期待しています。（太田明徳）

2）高山市との連携の将来

　今回のシンポジウム「持続可能な地域のあり方を考える：高山学をめざして」を組織することが高山との関わりの始まりでした。地域連携のミニマムを知るために、いろいろな本を読みました。特に、『木のルネサンス』熊崎実著（2018）を読んで衝撃を受けた思い出があります。林業には「林業時間」というものがあり、50年、100年、200年単位で森林計画を考えるというものです。広い意味での森林学の奥の深さ、時間軸の違いに驚きました。

　高山学の中心は高山地域の持続可能な発展方向を探ることだと思います。

本書は、主に高山学の可能性についての議論でしたが、将来的には、高山市の現状分析と現場の検証が必要となるかも知れません。その際には、「民」を加えた「産、官、学」の緩やかな共同作業が不可欠です。住民の生き生きとした会話、楽しげな生活のある「文化的空間」こそが、高山市の「魅力」となるからです。大学は、高山市の発展法則を探る中で、その「成果」を大学運営（教育、研究を含む）にも応用可能と考えています。つまり、大学も「少子高齢化」、「気候変動」、「持続可能な社会目標 SDGs」の達成といった喫緊の総合問題を解決する必要性に迫られているからです。

　今回のシンポジウムを開催するにあたって、登壇者と高山市企画部の方々、また、川尻則夫参事、竹中正和総務部次長、中部大学高等研究所の中村正男事務長、瀧澤愛子さん、国際 ESD センターの藤森礼子さん、川村真也研究員（表紙写真の提供）にお世話になりました。ESD センターの古澤礼太准教授は、シンポの全体を統括して下さいました。さらに、株式会社あるむの中村衛さん、古田愛子さんから丁寧な編集をいただきました。会議の記録と文章化は小島速記オフィスに頼みました。記してお礼申し上げます。

（宗宮弘明）

登壇者紹介 ● 登壇順、開催時の所属・役職（専門領域）

石原　修　〈いしはら おさむ〉
　　　　　中部大学学長（プラズマ物理科学）

國島芳明　〈くにしま みちひろ〉
　　　　　高山市長

山下興亜　〈やました おきつぐ〉
　　　　　中部大学名誉学事顧問、前学長（昆虫生理学）

竹島喜芳　〈たけじま きよし〉
　　　　　中部大学国際 GIS センター准教授（森林計画）

林　　上　〈はやし のぼる〉
　　　　　中部大学人文学部教授（都市地理学）

福井弘道　〈ふくい ひろみち〉
　　　　　中部大学中部高等学術研究所長、国際 GIS センター長、教授（地球環境学）

森山昭彦　〈もりやま あきひこ〉
　　　　　中部大学応用生物学部教授（環境生物学）

森瀬一幸　〈もりせ かずゆき〉
　　　　　中部大学客員教授、元高山市教育長（郷土史）

田中　明　〈たなか あきら〉
　　　　　高山市企画部長

西倉良介　〈にしくら りょうすけ〉
　　　　　高山市副市長

編者紹介 ● 開催時の所属・役職（専門領域）

太田明徳　〈おおた あきのり〉
　　　　　中部大学高山委員会、中部大学副学長、教授（微生物学）

宗宮弘明　〈そうみや ひろあき〉
　　　　　中部大学国際 ESD センター長、学長顧問（魚類生物学・環境生物学）

持続可能な地域のあり方を考える
高山学をめざして

2019年12月3日　第1刷発行

編　者　宗宮弘明・太田明徳
発　行　株式会社 あるむ
　　　　〒460-0012　名古屋市中区千代田3-1-12
　　　　TEL (052)332-0861　FAX (052)332-0862
　　　　http://www.arm-p.co.jp　E-mail: arm@a.email.ne.jp
　　　　印刷・製本／精版印刷

ISBN 978-4-86333-158-7　C1030